Scoprire i Giochi Gratuiti Online

Disponibile Qui:

BestActivityBooks.com/FREEGAMES

5 CONSIGLI PER INIZIARE

1) COME RISOLVERE LE PAROLE INTRECCIATTE

I puzzle hanno un formato classico:

- Le parole sono nascoste senza spazi o trattini,...
- Orientamento: Le parole possono essere scritte in avanti, indietro, verso l'alto, verso il basso o in diagonale (possono essere invertite).
- Le parole possono sovrapporsi o intersecarsi.

2) APPRENDIMENTO ATTIVO

Accanto ad ogni parola c'è uno spazio per scrivere la traduzione. Per incoraggiare l'apprendimento attivo, un **DIZIONARIO** alla fine di questa edizione vi permetterà di controllare e ampliare le vostre conoscenze. Cerca e scrivi le traduzioni, trovale nel puzzle e aggiungile al tuo vocabolario!

3) SEGNARE LE PAROLE

Puoi inventare il tuo sistema di segni. Forse ne usi già uno? Per esempio, puoi segnare le parole difficili da trovare con una croce, le parole preferite con una stella, le parole nuove con un triangolo, le parole rare con un diamante, e così via.

4) STRUTTURARE L'APPRENDIMENTO

Questa edizione offre un **TACCUINO** alla fine del libro. In vacanza, in viaggio o a casa, puoi organizzare facilmente le tue nuove conoscenze senza bisogno di un secondo quaderno!

5) AVETE FINITO TUTTE LE GRIGLIE?

Nelle ultime pagine di questo libro, nella sezione della **SFIDA FINALE**, troverete un gioco gratuito!

Facile e veloce! Dai un'occhiata alla nostra collezione di libri di attività per il tuo prossimo momento di divertimento e **apprendimento,** a portata di clic!

Trova la tua prossima sfida su:

BestActivityBooks.com/MioProssimoLibro

Ai vostri posti, pronti...Via!

Sapevi che ci sono circa 7.000 lingue diverse nel mondo? Le parole sono preziose.

Amiamo le lingue e abbiamo lavorato duramente per creare libri di altissima qualità. I nostri ingredienti?

Una selezione di argomenti adatti all'apprendimento, tre buone porzioni di intrattenimento, una cucchiaiata di parole difficili e una spolverata di parole rare. Li serviamo con amore e entusiasmo in modo che tu possa risolvere i migliori giochi di parole e divertirti imparando!

La vostra opinione è essenziale. Puoi partecipare attivamente al successo di questo libro lasciandoci un commento. Ci piacerebbe sapere cosa ti è piaciuto di più di questa edizione.

Ecco un link veloce alla pagina dell'ordine:

BestBooksActivity.com/Recensione50

Grazie per il vostro aiuto e buon divertimento!

Tutta la squadra

1 - Scacchi

B	Π	Θ	H	O	N	P	A	Π	B	Π	I	T	Έ
Δ	A	Y	E	E	P	B	Δ	A	A	P	T	O	Π
B	Ί	Σ	Έ	M	Ί	Σ	Λ	I	Σ	Ω	N	Y	H
O	K	Ί	Ί	Σ	N	Ω	Ω	X	I	T	Σ	P	Λ
Γ	T	A	Ξ	Λ	Δ	X	Γ	Λ	A	T	N	M
I	H	Έ	Ω	E	I	E	H	Ί	I	Θ	P	O	B
M	Π	M	H	Y	A	Σ	B	Δ	Ά	Λ	A	Y	P
H	A	Έ	T	K	Γ	B	Σ	I	Σ	H	T	Ά	Y
Σ	Θ	Ύ	Ί	Ό	Ώ	P	A	A	N	T	H	O	E
Γ	H	I	P	Y	N	Π	Y	Λ	X	Ή	Γ	I	Έ
A	T	M	P	O	I	B	Π	A	X	Σ	I	Λ	B
O	I	I	E	A	O	Σ	Έ	O	Έ	Σ	K	M	M
H	K	Π	Σ	Ί	Σ	T	P	I	Σ	Ω	Ή	P	E
Γ	Ή	Σ	X	B	A	N	T	Ί	Π	A	Λ	O	Σ

ΑΝΤΊΠΑΛΟΣ
ΛΕΥΚΌ
ΠΡΩΤΑΘΛΗΤΉΣ
ΔΙΑΓΏΝΙΟΣ
ΠΑΊΚΤΗ
ΠΑΙΧΝΊΔΙ
ΜΑΎΡΟ
ΠΑΘΗΤΙΚΉ

ΣΗΜΕΊΑ
ΒΑΣΙΛΙΆΣ
ΒΑΣΊΛΙΣΣΑ
ΘΥΣΊΑ
ΣΤΡΑΤΗΓΙΚΉ
ΏΡΑ
ΤΟΥΡΝΟΥΆ

2 - Aggettivi #2

```
Α  Υ  Μ  Υ  Π  Α  Ρ  Α  Γ  Ω  Γ  Ι  Κ  Ή
Υ  Π  Ξ  Π  Ε  Ν  Λ  Μ  Ρ  Ψ  Π  Σ  Ο  Ν
Θ  Ε  Η  Ε  Ρ  Δ  Ί  Μ  Ο  Α  Υ  Χ  Μ  Ρ
Ε  Ύ  Γ  Ι  Σ  Β  Ρ  Υ  Λ  Γ  Υ  Ψ  Ψ
Ν  Θ  Λ  Ο  Γ  Έ  Ξ  Β  Γ  Ρ  Ι  Ρ  Ό  Λ
Τ  Υ  Υ  Χ  Ρ  Φ  Υ  Σ  Ι  Κ  Ή  Ή  Υ  Μ
Ι  Ν  Κ  Η  Α  Δ  Ρ  Α  Μ  Α  Τ  Ι  Κ  Ή
Κ  Ο  Ό  Β  Φ  Π  Λ  Ε  Δ  Έ  Λ  Β  Ξ  Χ
Ό  Σ  Π  Ε  Ι  Ν  Α  Σ  Μ  Έ  Ν  Ο  Σ  Ο
Ξ  Ψ  Μ  Ε  Κ  Α  Ν  Ο  Ν  Ι  Κ  Ή  Μ  Η
Ν  Η  Ε  Χ  Ό  Δ  Ι  Ά  Σ  Η  Μ  Η  Γ  Γ
Έ  Έ  Ρ  Δ  Η  Μ  Ι  Ο  Υ  Ρ  Γ  Ι  Κ  Ή
Α  Γ  Ν  Ό  Ε  Ν  Δ  Ι  Α  Φ  Έ  Ρ  Ο  Ν
Ψ  Ω  Υ  Ί  Α  Υ  Ψ  Ο  Ψ  Γ  Β  Β  Ψ  Τ
```

ΠΕΙΝΑΣΜΈΝΟΣ
ΞΗΡΌ
ΑΥΘΕΝΤΙΚΌ
ΔΗΜΙΟΥΡΓΙΚΉ
ΠΕΡΙΓΡΑΦΙΚΌ
ΓΛΥΚΌ
ΔΡΑΜΑΤΙΚΉ
ΚΟΜΨΌ
ΔΙΆΣΗΜΗ
ΙΣΧΥΡΉ

ΕΝΔΙΑΦΈΡΟΝ
ΦΥΣΙΚΉ
ΚΑΝΟΝΙΚΉ
ΝΈΑ
ΥΠΕΡΟΧΗ
ΠΑΡΑΓΩΓΙΚΉ
ΑΓΝΌ
ΥΠΕΎΘΥΝΟΣ
ΑΛΜΥΡΉ
ΥΓΙΉ

3 - Mobili

```
Σ  Υ  Λ  Ά  Μ  Π  Α  Δ  Κ  Υ  Ε  Υ  Γ  Ξ
Ω  Τ  Κ  Ω  Ε  Η  Ι  Ί  Α  Ρ  Έ  Ί  Ψ  Σ
Ψ  Π  Ρ  Α  Μ  Ψ  Ώ  Γ  Ρ  Α  Φ  Ε  Ί  Ο
Β  Ι  Δ  Ώ  Θ  Δ  Ρ  Γ  Έ  Β  Κ  Β  Ξ  Π
Β  Υ  Υ  Β  Μ  Ρ  Α  Γ  Κ  Χ  Α  Ψ  Α  Ο
Έ  Ί  Π  Ί  Ο  Α  Ε  Λ  Λ  Μ  Ν  Χ  Π  Λ
Κ  Ρ  Ε  Β  Ά  Τ  Ι  Φ  Α  Ξ  Α  Α  Α  Υ
Ε  Ι  Ξ  Χ  Λ  Ρ  Ρ  Ο  Τ  Η  Π  Λ  Γ  Θ
Χ  Ε  Τ  Ί  Υ  Ε  Ι  Υ  Λ  Η  Έ  Ί  Κ  Ρ
Π  Ρ  Π  Ψ  Ν  Σ  Β  Τ  Σ  Ξ  Σ  Χ  Ά  Ό
Ι  Δ  Δ  Χ  Σ  Ί  Ω  Ό  Ρ  Γ  Έ  Χ  Κ  Ν
Λ  Δ  Γ  Ψ  Β  Ξ  Ξ  Ν  Γ  Δ  Ι  Μ  Ι  Α
Π  Γ  Ι  Β  Γ  Ο  Ε  Ά  Φ  Ι  Α  Π  Ψ
Β  Ι  Β  Λ  Ι  Ο  Θ  Ή  Κ  Η  Ψ  Ί  Τ  Ψ
```

ΑΙΏΡΑ   ΠΑΓΚΆΚΙ
ΚΑΝΑΠΈ   ΠΟΛΥΘΡΌΝΑ
ΦΟΥΤΌΝ   ΡΆΦΙΑ
ΛΆΜΠΑ   ΓΡΑΦΕΊΟ
ΚΡΕΒΆΤΙ   ΚΑΡΈΚΛΑ
ΒΙΒΛΙΟΘΉΚΗ   ΚΑΘΡΕΦΤΗΣ
ΣΤΡΏΜΑ   ΧΑΛΊ

4 - Pesca

```
Β Ρ Ά Γ Χ Ι Α Ά Σ Α Γ Ό Ν Ι
Σ Λ Τ Γ Τ Σ Ε Γ Ν Ε Ρ Ό Υ Ι
Ω Λ Μ Π Ρ Ύ Π Κ Α Λ Ά Θ Ι Χ
Λ Κ Ί Μ Σ Ρ Ο Ι Α Ρ Σ Β Λ Λ
Δ Β Ε Ε Π Μ Χ Σ Ζ Υ Γ Ί Ζ Ω
Ί Ό Π Α Ξ Α Ή Τ Ν Ρ Π Β Ί Β
Ξ Π Λ Γ Ν Ο Υ Ρ Χ Ο Ι Ί Έ Β
Υ Ι Τ Ω Ρ Ό Π Ο Τ Α Μ Ό Σ Ά
Ξ Α Γ Π Μ Ο Σ Λ Χ Ω Ε Μ Α Ρ
Λ Ί Μ Ν Η Α Η Μ Ι Έ Υ Έ Μ Κ
Η Υ Π Ο Μ Ο Ν Ή Γ Σ Ψ Χ Ε Α
Π Α Ρ Α Λ Ί Α Ψ Ε Τ Μ Β Ε Γ
Π Τ Ε Ρ Ύ Γ Ι Α Ψ Γ Ί Ό Α Β
Υ Π Ε Ρ Β Ο Λ Ή Μ Ι Υ Η Σ Ξ
```

ΝΕΡΌ	ΆΓΚΙΣΤΡΟ
ΕΞΟΠΛΙΣΜΌΣ	ΛΊΜΝΗ
ΒΆΡΚΑ	ΣΑΓΌΝΙ
ΒΡΆΓΧΙΑ	ΩΚΕΑΝΌΣ
ΚΑΛΆΘΙ	ΥΠΟΜΟΝΉ
ΥΠΕΡΒΟΛΉ	ΖΥΓΊΖΩ
ΔΌΛΩΜΑ	ΠΤΕΡΎΓΙΑ
ΣΎΡΜΑ	ΠΑΡΑΛΊΑ
ΠΟΤΑΜΌΣ	ΕΠΟΧΉ

5 - Aggettivi #1

```
Κ  Τ  Σ  Ρ  Σ  Έ  Β  Ψ  Ν  Β  Ρ  Π  Α  Π
Α  Ε  Ν  Ε  Ρ  Γ  Ή  Έ  Ί  Ν  Γ  Ξ  Π  Ο
Λ  Ρ  Μ  Τ  Ω  Ί  Α  Β  Σ  Δ  Μ  Β  Ό  Λ
Λ  Ά  Ρ  Ν  Β  Α  Ρ  Ι  Ά  Η  Ι  Ι  Λ  Ύ
Ι  Σ  Ψ  Ν  Ε  Ξ  Ω  Τ  Ι  Κ  Ό  Α  Υ  Τ
Τ  Τ  Τ  Λ  Έ  Β  Μ  Α  Κ  Ρ  Ύ  Ρ  Τ  Ι
Ε  Ι  Έ  Σ  Η  Μ  Α  Ν  Τ  Ι  Κ  Ό  Η  Μ
Χ  Ο  Λ  Η  Ν  Π  Τ  Θ  Ε  Δ  Α  Ω  Τ  Α
Ν  Λ  Ε  Ι  Χ  Ί  Ι  Έ  Ι  Ι  Β  Ρ  Δ  Έ
Ι  Ε  Ι  Α  Π  Δ  Κ  Τ  Έ  Ά  Η  Υ  Γ  Έ
Κ  Π  Ο  Θ  Ν  Σ  Ό  Β  Δ  Ψ  Ο  Η  Δ  Ή
Ή  Τ  Δ  Ώ  Φ  Ι  Λ  Ό  Δ  Ο  Ξ  Ο  Χ  Η
Μ  Ή  Ο  Ο  Μ  Ο  Ν  Τ  Έ  Ρ  Ν  Ο  Δ  Α
Ν  Ι  Η  Σ  Υ  Ν  Ξ  Γ  Ε  Η  Γ  Π  Π  Ξ
```

ΦΙΛΌΔΟΞΟ	ΑΘΏΟΣ
ΑΡΩΜΑΤΙΚΌ	ΑΡΓΉ
ΚΑΛΛΙΤΕΧΝΙΚΉ	ΜΑΚΡΎ
ΑΠΌΛΥΤΗ	ΜΟΝΤΈΡΝΟ
ΕΝΕΡΓΉ	ΤΈΛΕΙΟ
ΤΕΡΆΣΤΙΟ	ΒΑΡΙΆ
ΕΞΩΤΙΚΌ	ΠΟΛΎΤΙΜΑ
ΊΔΙΑ	ΒΑΘΙΆ
ΣΗΜΑΝΤΙΚΌ	ΛΕΠΤΉ

6 - Geologia

Α	Ψ	Μ	Ω	Π	Β	Σ	Ε	Ι	Σ	Μ	Ό	Σ	Έ
Ο	Λ	Λ	Ά	Β	Α	Δ	Τ	Π	Τ	Α	Α	Π	Ε
Λ	Λ	Ά	Λ	Ε	Ν	Ι	Σ	Ι	Α	Π	Ψ	Ή	Ν
Σ	Π	Έ	Τ	Ρ	Α	Ά	Τ	Δ	Λ	Ο	Ρ	Λ	Β
Η	Τ	Ί	Λ	Ι	Έ	Β	Α	Κ	Α	Λ	Ί	Α	Σ
Η	Μ	Ρ	Β	Ι	Π	Ρ	Λ	Ο	Γ	Ί	Ω	Ι	Ι
Φ	Ρ	Ζ	Ώ	Ν	Η	Ω	Α	Ρ	Μ	Θ	Α	Ο	Χ
Α	Ι	Ξ	Ρ	Μ	Τ	Σ	Κ	Ά	Ι	Ω	Σ	Ή	Α
Ί	Τ	Ν	Χ	Α	Α	Η	Τ	Λ	Τ	Μ	Β	Π	Λ
Σ	Ο	Ρ	Υ	Κ	Τ	Ά	Ί	Λ	Ε	Α	Έ	Ε	Α
Τ	Α	Ρ	Δ	Ο	Β	Ε	Τ	Ι	Σ	Μ	Σ	Ι	Ζ
Ε	Ι	Ο	Ι	Β	Ε	Σ	Η	Ο	Ξ	Ύ	Τ	Ρ	Ί
Ι	Ρ	Ι	Ε	Ί	Α	Ν	Σ	Λ	Υ	Έ	Ι	Ο	Α
Ο	Ρ	Ο	Π	Έ	Δ	Ι	Ο	Α	Ξ	Β	Ο	Σ	Υ

ΟΞΎ
ΟΡΟΠΈΔΙΟ
ΑΣΒΈΣΤΙΟ
ΣΠΉΛΑΙΟ
ΉΠΕΙΡΟΣ
ΚΟΡΆΛΛΙ
ΔΙΆΒΡΩΣΗ
ΑΠΟΛΊΘΩΜΑ
ΛΆΒΑ
ΟΡΥΚΤΆ

ΠΈΤΡΑ
ΧΑΛΑΖΊΑ
ΑΛΆΤΙ
ΣΤΑΛΑΓΜΙΤΕΣ
ΣΤΑΛΑΚΤΊΤΗΣ
ΣΤΡΏΜΑ
ΣΕΙΣΜΌΣ
ΗΦΑΊΣΤΕΙΟ
ΖΏΝΗ

7 - Campeggio

```
Χ  Β  Ξ  Η  Ψ  Ξ  Ε  Κ  Χ  Κ  Ν  Β  Έ  Ε
Π  Υ  Ξ  Ί  Δ  Α  Μ  Α  Ά  Λ  Α  Β  Ψ  Μ
Ν  Ι  Ι  Ν  Λ  Γ  Ρ  Μ  Ρ  Ο  Ν  Ν  Δ  Τ
Φ  Ε  Γ  Γ  Ά  Ρ  Ι  Π  Τ  Λ  Η  Ο  Ό  Σ
Ω  Λ  Τ  Έ  Ψ  Α  Ν  Ί  Η  Δ  Ξ  Σ  Ρ  Χ
Τ  Γ  Ψ  Π  Δ  Τ  Γ  Ν  Κ  Α  Π  Έ  Λ  Ο
Ι  Κ  Υ  Ν  Ή  Γ  Ι  Α  Α  Σ  Σ  Ω  Δ  Ν
Ά  Τ  Β  Β  Σ  Ζ  Ώ  Α  Ι  Ο  Κ  Δ  Ω  Ο
Τ  Ε  Μ  Β  Χ  Υ  Ί  Ί  Ώ  Σ  Η  Έ  Χ  Σ
Φ  Ύ  Σ  Η  Ο  Ξ  Ί  Ο  Ρ  Α  Ν  Ν  Λ  Δ
Έ  Χ  Ξ  Ε  Ι  Υ  Α  Η  Α  Ψ  Ή  Τ  Ί  Ν
Ί  Ί  Ο  Η  Ν  Έ  Ν  Τ  Ο  Μ  Ο  Ρ  Μ  Β
Η  Έ  Έ  Ν  Ί  Β  Ι  Ό  Η  Τ  Ε  Α  Ν  Ο
Π  Ε  Ρ  Ι  Π  Έ  Τ  Ε  Ι  Α  Ρ  Α  Η  Γ
```

ΔΈΝΤΡΑ
ΑΙΏΡΑ
ΖΏΑ
ΠΕΡΙΠΈΤΕΙΑ
ΠΥΞΊΔΑ
ΚΑΜΠΊΝΑ
ΚΥΝΉΓΙ
ΚΑΝΌ
ΚΑΠΈΛΟ
ΣΧΟΙΝΊ

ΔΆΣΟΣ
ΦΩΤΙΆ
ΈΝΤΟΜΟ
ΛΊΜΝΗ
ΦΕΓΓΆΡΙ
ΧΆΡΤΗ
ΒΟΥΝΌ
ΦΎΣΗ
ΣΚΗΝΉ

8 - Arti Visive

```
Α  Μ  Η  Σ  Ύ  Ν  Θ  Ε  Σ  Η  Ί  Β  Τ  Ε
Κ  Α  Λ  Λ  Ι  Τ  Έ  Χ  Ν  Η  Σ  Ι  Ι  Λ
Α  Ε  Υ  Π  Ε  Κ  Π  Ο  Ρ  Τ  Ρ  Έ  Τ  Ο
Ρ  Α  Ρ  Χ  Ι  Τ  Ε  Κ  Τ  Ο  Ν  Ι  Κ  Ή
Κ  Ι  Μ  Ω  Λ  Ί  Α  Ρ  Ξ  Ω  Ι  Π  Η  Α
Ά  Α  Χ  Ν  Ι  Π  Δ  Ο  Α  Σ  Τ  Υ  Λ  Ό
Ρ  Ί  Β  Π  Η  Χ  Ι  Χ  Ξ  Μ  Α  Ν  Δ  Η
Β  Ξ  Α  Α  Σ  Γ  Λ  Υ  Π  Τ  Ι  Κ  Ή  Ρ
Ο  Ψ  Β  Ξ  Λ  Ξ  Υ  Χ  Η  Ψ  Ν  Κ  Ψ  Ι
Υ  Σ  Α  Ω  Ω  Έ  Χ  Υ  Π  Τ  Ί  Τ  Ή  Ξ
Ν  Ο  Λ  Ο  Φ  Ω  Τ  Ο  Γ  Ρ  Α  Φ  Ί  Α
Ο  Γ  Η  Σ  Γ  Ρ  Μ  Ο  Λ  Ύ  Β  Ι  Ρ  Ί
Ζ  Ω  Γ  Ρ  Α  Φ  Ι  Κ  Ή  Ρ  Τ  Τ  Τ  Μ
Π  Ο  Λ  Υ  Γ  Ρ  Ά  Φ  Ο  Κ  Ε  Ρ  Ί  Α
```

ΑΡΧΙΤΕΚΤΟΝΙΚΉ	ΦΩΤΟΓΡΑΦΊΑ
ΚΑΛΛΙΤΈΧΝΗΣ	ΚΙΜΩΛΊΑ
ΚΆΡΒΟΥΝΟ	ΜΟΛΎΒΙ
ΚΑΒΑΛΈΤΟ	ΣΤΥΛΌ
ΚΕΡΊ	ΖΩΓΡΑΦΙΚΉ
ΚΕΡΑΜΙΚΉ	ΠΟΡΤΡΈΤΟ
ΣΎΝΘΕΣΗ	ΓΛΥΠΤΙΚΉ
ΤΑΙΝΊΑ	ΠΟΛΥΓΡΆΦΟ

9 - Tempo

```
Ε  Μ  Ή  Ν  Α  Σ  Ε  Γ  Ψ  Ξ  Η  Μ  Ψ  Ο
Β  Δ  Β  Β  Ξ  Ύ  Μ  Ε  Σ  Η  Μ  Έ  Ρ  Ι
Δ  Σ  Η  Ι  Π  Ν  Ε  Ν  Ή  Ρ  Ε  Λ  Π  Β
Ο  Ι  Ί  Ρ  Ρ  Τ  Λ  Μ  Λ  Ρ  Λ  Δ  Τ
Μ  Ρ  Υ  Ξ  Ω  Ο  Ά  Ε  Ε  Ε  Ο  Ο  Σ  Ω
Ά  Χ  Π  Α  Ί  Μ  Λ  Α  Ρ  Π  Λ  Ν  Α  Ι
Δ  Ε  Σ  Ρ  Ρ  Α  Α  Ό  Α  Τ  Ό  Ξ  Α  Ω
Α  Τ  Ν  Ο  Ι  Έ  Έ  Δ  Ι  Ό  Γ  Π  Χ  Δ
Έ  Ο  Η  Ύ  Σ  Ν  Ω  Π  Υ  Ξ  Ι  Α  Ε  Ι
Χ  Σ  Σ  Υ  Χ  Θ  Ε  Σ  Α  Λ  Ο  Β  Λ  Υ
Ρ  Α  Δ  Ι  Ε  Τ  Ή  Σ  Ι  Α  Δ  Ι  Ο  Τ
Ί  Ν  Ρ  Τ  Σ  Ί  Α  Ι  Ώ  Ν  Α  Σ  Σ  Λ
Δ  Ε  Κ  Α  Ε  Τ  Ί  Α  Ρ  Μ  Έ  Ρ  Α  Ί
Λ  Υ  Χ  Ί  Μ  Τ  Σ  Χ  Α  Ψ  Γ  Υ  Ι  Λ
```

ΕΤΟΣ	ΜΕΣΗΜΈΡΙ
ΕΤΉΣΙΑ	ΛΕΠΤΌ
ΗΜΕΡΟΛΌΓΙΟ	ΝΎΧΤΑ
ΔΕΚΑΕΤΊΑ	ΣΉΜΕΡΑ
ΜΕΤΆ	ΏΡΑ
ΜΈΛΛΟΝ	ΡΟΛΌΙ
ΜΈΡΑ	ΣΎΝΤΟΜΑ
ΧΘΕΣ	ΠΡΙΝ
ΠΡΩΪ	ΑΙΏΝΑΣ
ΜΉΝΑΣ	ΕΒΔΟΜΆΔΑ

10 - Astronomia

```
Π  Υ  Ν  Ι  Φ  Μ  Ρ  Ω  Μ  Σ  Δ  Σ  Ο  Σ
Υ  Π  Ν  Σ  Ί  Ε  Ψ  Η  Λ  Ε  Ε  Ο  Υ  Υ
Υ  Λ  Ε  Η  Γ  Τ  Γ  Β  Υ  Δ  Γ  Υ  Ρ  Υ
Υ  Α  Φ  Μ  Η  Έ  Η  Γ  Ι  Ξ  Η  Π  Α  Α
Ρ  Ν  Έ  Ε  Υ  Ω  Τ  Υ  Ά  Ε  Ψ  Ε  Ν  Σ
Ο  Ή  Λ  Ρ  Έ  Ρ  Υ  Ί  Μ  Ρ  Λ  Ρ  Ό  Τ
Υ  Τ  Ω  Ί  Μ  Ο  Ω  Χ  Δ  Χ  Ι  Ν  Σ  Ε
Κ  Η  Μ  Α  Ζ  Ώ  Δ  Ι  Ο  Ω  Η  Ό  Ύ  Ρ
Έ  Σ  Α  Σ  Τ  Ε  Ρ  Ι  Σ  Μ  Ό  Β  Μ  Ο
Τ  Η  Λ  Ε  Σ  Κ  Ό  Π  Ι  Ο  Υ  Α  Π  Ε
Α  Α  Σ  Τ  Ρ  Ο  Ν  Α  Ύ  Τ  Η  Σ  Α  Ι
Α  Κ  Τ  Ι  Ν  Ο  Β  Ο  Λ  Ί  Α  Χ  Ν  Δ
Η  Γ  Β  Α  Ρ  Ύ  Τ  Η  Τ  Α  Σ  Ο  Ι  Ή
Π  Α  Ρ  Α  Τ  Η  Ρ  Η  Τ  Ή  Ρ  Ι  Ο  Σ
```

ΑΣΤΕΡΟΕΙΔΉΣ   ΠΑΡΑΤΗΡΗΤΉΡΙΟ
ΑΣΤΡΟΝΑΎΤΗΣ   ΠΛΑΝΉΤΗΣ
ΟΥΡΑΝΌΣ   ΑΚΤΙΝΟΒΟΛΊΑ
ΑΣΤΕΡΙΣΜΌ   ΡΟΥΚΈΤΑ
ΙΣΗΜΕΡΊΑ   ΣΟΥΠΕΡΝΌΒΑ
ΒΑΡΎΤΗΤΑ   ΤΗΛΕΣΚΌΠΙΟ
ΦΕΓΓΆΡΙ   ΓΗ
ΜΕΤΈΩΡΟ   ΣΎΜΠΑΝ
ΝΕΦΈΛΩΜΑ   ΖΏΔΙΟ

11 - Circo

Θ	Ε	Ι	Σ	Ι	Τ	Ή	Ρ	Ι	Ο	Κ	Ί	Η	Π
Σ	Ε	Μ	Ά	Γ	Ο	Σ	Π	Χ	Γ	Λ	Δ	Ί	Ε
Μ	Π	Α	Λ	Ό	Ν	Ι	Α	Δ	Ί	Ό	Ι	Ί	Μ
Υ	Ι	Έ	Τ	Τ	Ί	Γ	Ρ	Η	Ξ	Ο	Α	Έ	Β
Ξ	Ψ	Τ	Μ	Ή	Μ	Γ	Έ	Γ	Ρ	Υ	Σ	Ω	Τ
Σ	Κ	Η	Ν	Ή	Σ	Ω	Λ	Υ	Ω	Ν	Κ	Έ	Μ
Μ	Α	Ϊ	Μ	Ο	Ύ	Η	Α	Μ	Α	Γ	Ε	Ί	Α
Π	Έ	Έ	Ρ	Μ	Ο	Υ	Σ	Ι	Κ	Ή	Δ	Ω	Π
Κ	Ό	Λ	Π	Ο	Ν	Έ	Η	Ρ	Ι	Δ	Ά	Ε	Χ
Κ	Α	Ρ	Α	Μ	Έ	Λ	Α	Ζ	Ώ	Α	Σ	Α	Χ
Ζ	Ο	Γ	Κ	Λ	Έ	Ρ	Β	Τ	Ω	Ν	Ε	Ψ	Ι
Π	Ε	Λ	Έ	Φ	Α	Ν	Τ	Α	Σ	Ξ	Ι	Λ	Χ
Β	Ε	Γ	Ε	Η	Ψ	Κ	Ο	Σ	Τ	Ο	Ύ	Μ	Ι
Έ	Δ	Α	Κ	Ρ	Ο	Β	Ά	Τ	Η	Σ	Ε	Ξ	Δ

ΑΚΡΟΒΆΤΗΣ
ΖΏΑ
ΕΙΣΙΤΉΡΙΟ
ΚΑΡΑΜΈΛΑ
ΚΛΌΟΥΝ
ΚΟΣΤΟΎΜΙ
ΕΛΈΦΑΝΤΑΣ
ΖΟΓΚΛΈΡ
ΔΙΑΣΚΕΔΆΣΕΙ
ΜΑΓΕΊΑ

ΜΆΓΟΣ
ΜΟΥΣΙΚΉ
ΜΠΑΛΌΝΙΑ
ΠΑΡΈΛΑΣΗ
ΜΑΪΜΟΎ
ΘΕΑΤΉΣ
ΣΚΗΝΉ
ΤΊΓΡΗ
ΚΌΛΠΟ

12 - Mitologia

```
Ψ  Η  Ρ  Τ  Δ  Α  Θ  Ω  Π  Υ  Ή  Λ  Θ  Σ
Η  Δ  Τ  Έ  Ύ  Ρ  Ρ  Π  Ο  Ω  Ρ  Τ  Ν  Υ
Χ  Ν  Ρ  Ρ  Ν  Χ  Ύ  Ο  Λ  Ω  Ω  Χ  Η  Μ
Α  Τ  Ε  Α  Α  Έ  Λ  Ι  Ά  Α  Σ  Τ  Π
Κ  Σ  Ψ  Ψ  Μ  Τ  Ο  Ε  Τ  Λ  Σ  Π  Ό  Ε
Σ  Α  Τ  Ο  Η  Υ  Σ  Μ  Ι  Δ  Ω  Μ  Σ  Ρ
Σ  Ω  Τ  Ρ  Α  Π  Δ  Ι  Σ  Έ  Υ  Α  Α  Ι
Ί  Ε  Υ  Α  Α  Ο  Β  Σ  Μ  Λ  Ψ  Γ  Ί  Φ
Ζ  Η  Ξ  Π  Σ  Π  Π  Τ  Ό  Δ  Ξ  Ι  Ν  Ο
Ή  Β  Ρ  Ο  Ν  Τ  Ή  Ή  Σ  Γ  Ω  Κ  Ι  Ρ
Λ  Β  Ο  Ί  Π  Ω  Ρ  Σ  Υ  Μ  Α  Ό  Ν  Ά
Ι  Ξ  Έ  Δ  Η  Μ  Ι  Ο  Υ  Ρ  Γ  Ί  Α  Ψ
Α  Θ  Α  Ν  Α  Σ  Ί  Α  Φ  Η  Λ  Τ  Α  Ν
Ξ  Λ  Η  Π  Ε  Π  Ο  Ι  Θ  Ή  Σ  Ε  Ι  Σ
```

ΑΡΧΈΤΥΠΟ	ΑΣΤΡΑΠΉ
ΣΥΜΠΕΡΙΦΟΡΆ	ΖΉΛΙΑ
ΠΛΆΣΜΑ	ΠΟΛΕΜΙΣΤΉΣ
ΔΗΜΙΟΥΡΓΊΑ	ΑΘΑΝΑΣΊΑ
ΠΕΠΟΙΘΉΣΕΙΣ	ΘΡΎΛΟΣ
ΠΟΛΙΤΙΣΜΌΣ	ΜΑΓΙΚΌ
ΚΑΤΑΣΤΡΟΦΉ	ΘΝΗΤΌΣ
ΉΡΩΑΣ	ΤΈΡΑΣ
ΔΎΝΑΜΗ	ΒΡΟΝΤΉ

13 - Piante

Β	Ί	Κ	Ψ	Ί	Γ	Ω	Μ	Ρ	Ί	Ζ	Α	Ι	Λ
Ό	Η	Χ	Ή	Ο	Ι	Α	Π	Φ	Α	Σ	Ό	Λ	Ι
Τ	Λ	Κ	Π	Π	Έ	Τ	Α	Λ	Ο	Μ	Γ	Έ	Μ
Α	Ο	Ε	Ά	Ω	Ο	Γ	Μ	Ί	Ν	Ι	Ί	Λ	Σ
Ν	Υ	Α	Β	Κ	Ω	Σ	Π	Υ	Ί	Η	Υ	Λ	Δ
Ο	Λ	Ξ	Τ	Ψ	Τ	Β	Ο	Τ	Α	Ν	Ι	Κ	Ή
Ο	Ο	Γ	Ά	Ο	Μ	Ο	Ύ	Ρ	Ο	Ι	Ω	Λ	Λ
Ί	Ύ	Δ	Ί	Ν	Δ	Σ	Σ	Δ	Έ	Ν	Τ	Ρ	Ο
Μ	Δ	Ξ	Έ	Π	Ω	Λ	Ί	Π	Α	Σ	Μ	Α	Ξ
Κ	Ι	Σ	Σ	Ό	Σ	Χ	Φ	Ύ	Λ	Λ	Ω	Μ	Α
Η	Γ	Δ	Β	Έ	Β	Ρ	Ύ	Α	Τ	Ι	Η	Έ	Λ
Χ	Λ	Ω	Ρ	Ί	Δ	Α	Λ	Δ	Ι	Γ	Ι	Η	Α
Ψ	Ρ	Μ	Σ	Ί	Β	Β	Λ	Ά	Σ	Τ	Η	Σ	Η
Ν	Ω	Λ	Ν	Δ	Α	Σ	Ο	Σ	Ρ	Π	Ο	Έ	Έ

ΔΈΝΤΡΟ
ΜΟΎΡΟ
ΜΠΑΜΠΟΎ
ΒΟΤΑΝΙΚΉ
ΚΆΚΤΟΣ
ΑΥΞΆΝΩ
ΚΙΣΣΌΣ
ΒΌΤΑΝΟ
ΦΑΣΌΛΙ
ΛΊΠΑΣΜΑ

ΛΟΥΛΟΎΔΙ
ΧΛΩΡΊΔΑ
ΦΎΛΛΟ
ΦΎΛΛΩΜΑ
ΔΆΣΟΣ
ΚΉΠΟΣ
ΒΡΎΑ
ΠΈΤΑΛΟ
ΡΊΖΑ
ΒΛΆΣΤΗΣΗ

14 - Spezie

B	P	Ί	Έ	K	A	N	Έ	Λ	A	A	Σ	T	O
Γ	A	Έ	Ψ	B	K	Ά	P	Y	Δ	E	K	P	Σ
Λ	Λ	N	K	I	X	Έ	Λ	M	Π	Γ	Ό	E	Έ
Y	Γ	Ύ	Ί	O	Λ	Ψ	Ω	Ά	I	Y	P	K	M
K	Λ	Ξ	K	Λ	Y	Π	Ξ	P	Π	Π	Δ	P	O
Ά	Y	Π	H	Ό	I	P	Ψ	A	Έ	I	O	O	Σ
N	K	Ά	T	Ω	P	A	K	Θ	P	K	A	K	X
I	Ό	Π	K	Ύ	M	I	N	O	I	P	X	O	O
Σ	Γ	P	A	Έ	B	X	Z	B	Ύ	Ή	I	Σ	K
O	E	I	Λ	A	A	N	Ξ	A	A	M	A	Έ	Ά
H	Ύ	K	Ά	P	Δ	A	M	O	Έ	Δ	H	X	P
Ξ	Σ	A	T	Π	K	P	E	M	M	Ύ	Δ	I	Y
P	H	O	I	T	Z	Ί	N	T	Z	E	P	H	Δ
H	I	Ψ	P	T	Y	Ί	B	Δ	M	P	N	N	O

ΣΚΌΡΔΟ   ΜΆΡΑΘΟ
ΠΙΚΡΉ   ΓΕΎΣΗ
ΓΛΥΚΆΝΙΣΟ   ΓΛΥΚΌΡΙΖΑ
ΚΑΝΈΛΑ   ΜΟΣΧΟΚΆΡΥΔΟ
ΚΆΡΔΑΜΟ   ΠΆΠΡΙΚΑ
ΚΡΕΜΜΎΔΙ   ΠΙΠΈΡΙ
ΚΎΜΙΝΟ   ΑΛΆΤΙ
ΚΟΥΡΚΟΎΜΗ   ΒΑΝΊΛΙΑ
ΚΆΡΥ   ΚΡΟΚΟΣ
ΓΛΥΚΌ   ΤΖΊΝΤΖΕΡ

15 - Numeri

```
Δ  Ε  Κ  Α  Ο  Κ  Τ  Ώ  Μ  Τ  Ο  Τ  Δ  Δ
Δ  Ε  Ί  Κ  Ο  Σ  Ι  Μ  Σ  Ρ  Κ  Ί  Ε  Υ
Ί  Ε  Κ  Ω  Έ  Ω  Λ  Τ  Ω  Ί  Τ  Λ  Κ  Ε
Ν  Δ  Κ  Α  Β  Σ  Ν  Δ  Έ  Α  Ώ  Δ  Α  Ν
Ο  Ε  Μ  Α  Τ  Μ  Ν  Έ  Ξ  Σ  Ε  Ψ  Έ  Ν
Γ  Κ  Η  Π  Ε  Ρ  Υ  Κ  Ι  Έ  Σ  Δ  Ξ  Έ
Δ  Α  Δ  Τ  Ν  Π  Ί  Α  Δ  Ψ  Β  Ε  Ι  Α
Ώ  Π  Έ  Ε  Λ  Π  Τ  Α  Π  Έ  Π  Κ  Ρ  Υ
Δ  Έ  Ν  Σ  Μ  Ρ  Τ  Ά  Ω  Δ  Έ  Α  Ω  Α
Ε  Ν  Δ  Ε  Κ  Α  Δ  Ι  Κ  Ό  Ν  Ε  Π  Ρ
Κ  Τ  Ν  Ν  Μ  Γ  Ε  Μ  Λ  Ι  Τ  Ν  Έ  Γ
Α  Ε  Β  Χ  Μ  Δ  Π  Δ  Π  Α  Ε  Ν  Ξ  Χ
Β  Έ  Η  Μ  Ξ  Ύ  Τ  Χ  Ψ  Ρ  Σ  Έ  Ι  Έ
Τ  Α  Έ  Μ  Υ  Ο  Ά  Ν  Π  Π  Τ  Α  Ν  Ψ
```

ΠΈΝΤΕ	ΤΈΣΣΕΡΑ
ΔΕΚΑΔΙΚΌ	ΔΕΚΑΠΈΝΤΕ
ΔΕΚΑΕΝΝΈΑ	ΔΕΚΑΈΞΙ
ΔΕΚΑΕΠΤΆ	ΈΞΙ
ΔΕΚΑΟΚΤΏ	ΕΠΤΆ
ΔΈΚΑ	ΤΡΊΑ
ΔΏΔΕΚΑ	ΔΕΚΑΤΡΊΑ
ΔΎΟ	ΕΊΚΟΣΙ
ΕΝΝΈΑ	ΜΗΔΈΝ
ΟΚΤΏ	

16 - Cioccolato

```
Θ  Α  Γ  Α  Π  Η  Μ  Έ  Ν  Ο  Σ  Γ  Κ  Ζ
Ε  Υ  Β  Χ  Η  Π  Ά  Χ  Υ  Λ  Ρ  Λ  Α  Ά
Ρ  Έ  Ι  Λ  Ξ  Μ  Μ  Ρ  Ι  Ί  Έ  Υ  Ρ  Χ
Μ  Δ  Ο  Π  Ι  Κ  Ρ  Ή  Ω  Ξ  Ψ  Κ  Ύ  Α
Ι  Ω  Τ  Ν  Η  Χ  Π  Ε  Β  Μ  Λ  Ό  Δ  Ρ
Δ  Π  Ε  Ό  Ί  Ρ  Ο  Ξ  Μ  Γ  Α  Η  Α  Η
Ε  Η  Χ  Σ  Λ  Υ  Ω  Ω  Σ  Γ  Ε  Ύ  Σ  Η
Σ  Υ  Ν  Τ  Α  Γ  Ή  Τ  Κ  Π  Γ  Β  Γ  Ι
Τ  Σ  Ι  Ι  Ρ  Ί  Ω  Ι  Ό  Χ  Ξ  Ο  Ν  Ο
Υ  Σ  Κ  Μ  Λ  Β  Α  Κ  Ν  Ι  Χ  Ε  Η  Α
Έ  Γ  Ή  Ο  Γ  Ν  Χ  Ό  Η  Ρ  Ν  Ε  Ψ  Γ
Β  Π  Ο  Ι  Ό  Τ  Η  Τ  Α  Π  Η  Χ  Ρ  Γ
Ι  Λ  Λ  Ψ  Φ  Ι  Σ  Τ  Ί  Κ  Ι  Α  Ψ  Γ
Τ  Κ  Α  Κ  Ά  Ο  Κ  Α  Ρ  Α  Μ  Έ  Λ  Α
```

ΠΙΚΡΉ
ΦΙΣΤΊΚΙΑ
ΆΡΩΜΑ
ΒΙΟΤΕΧΝΙΚΉ
ΚΑΚΆΟ
ΘΕΡΜΙΔΕΣ
ΚΑΡΑΜΈΛΑ
ΝΌΣΤΙΜΟ
ΓΛΥΚΌ

ΕΞΩΤΙΚΌ
ΓΕΎΣΗ
ΚΑΡΎΔΑ
ΣΚΌΝΗ
ΑΓΑΠΗΜΈΝΟΣ
ΠΟΙΌΤΗΤΑ
ΣΥΝΤΑΓΉ
ΖΆΧΑΡΗ

17 - Guida

```
Χ  Μ  Ε  Τ  Α  Φ  Ο  Ρ  Ά  Δ  Ε  Ι  Α  Α
Μ  Ά  Ω  Α  Χ  Σ  Ή  Ρ  Α  Γ  Γ  Α  Α  Υ
Λ  Ο  Ρ  Ω  Τ  Α  Υ  Π  Σ  Κ  Ι  Α  Σ  Τ
Ε  Έ  Τ  Τ  Ί  Υ  Π  Π  Φ  Α  Ί  Τ  Τ  Ο
Ω  Δ  Λ  Ο  Η  Μ  Δ  Δ  Ά  Ρ  Λ  Ύ  Υ  Κ
Φ  Α  Ω  Σ  Σ  Υ  Δ  Π  Λ  Ά  Ι  Χ  Ν  Ί
Ο  Έ  Β  Η  Ι  Υ  Ι  Τ  Ε  Ζ  Γ  Η  Ο  Ν
Ρ  Ρ  Γ  Ί  Τ  Β  Κ  Ψ  Ι  Ζ  Μ  Μ  Μ  Η
Ε  Ι  Φ  Ρ  Έ  Ν  Α  Λ  Α  Σ  Ό  Α  Ί  Τ
Ί  Ο  Ω  Υ  Λ  Ε  Ύ  Ε  Έ  Π  Ν  Σ  Α  Ο
Ο  Δ  Γ  Β  Α  Ν  Σ  Μ  Ο  Τ  Έ  Ρ  Ψ  Δ
Α  Ο  Δ  Ξ  Λ  Ω  Ι  Ξ  Ε  Ε  Α  Ρ  Ω  Χ
Τ  Μ  Χ  Δ  Ρ  Ό  Μ  Ο  Σ  Σ  Σ  Η  Β  Σ
Κ  Υ  Κ  Λ  Ο  Φ  Ο  Ρ  Ί  Α  Ρ  Η  Ω  Γ
```

ΑΥΤΟΚΊΝΗΤΟ	ΜΟΤΟΣΥΚΛΈΤΑ
ΛΕΩΦΟΡΕΊΟ	ΜΟΤΈΡ
ΚΑΎΣΙΜΟ	ΠΕΖΌΣ
ΦΡΈΝΑ	ΑΣΤΥΝΟΜΊΑ
ΓΚΑΡΆΖ	ΑΣΦΆΛΕΙΑ
ΑΈΡΙΟ	ΔΡΌΜΟΣ
ΑΤΎΧΗΜΑ	ΚΥΚΛΟΦΟΡΊΑ
ΆΔΕΙΑ	ΜΕΤΑΦΟΡΆ
ΧΆΡΤΗ	ΣΉΡΑΓΓΑ

18 - Sport

Π	Ρ	Ο	Π	Ο	Ν	Η	Τ	Ή	Σ	Ξ	Ο	Υ	Π
Γ	Π	Γ	Ρ	Η	Μ	Π	Ά	Σ	Κ	Ε	Τ	Γ	Α
Α	Κ	Π	Α	Ί	Κ	Τ	Η	Τ	Η	Κ	Μ	Υ	Ι
Ο	Θ	Ο	Α	Δ	Η	Ξ	Ω	Ά	Έ	Ί	Π	Μ	Χ
Έ	Έ	Λ	Λ	Ί	Ξ	Μ	Έ	Δ	Δ	Ν	Έ	Ν	Ν
Γ	Ψ	Ν	Η	Φ	Β	Ψ	Δ	Ι	Ι	Η	Ι	Ά	Ί
Ρ	Η	Χ	Ι	Τ	Λ	Δ	Ο	Ο	Α	Σ	Ζ	Σ	Δ
Γ	Δ	Έ	Ε	Ξ	Ή	Τ	Ψ	Υ	Ι	Η	Μ	Ι	Ι
Ο	Μ	Ά	Δ	Α	Μ	Σ	Τ	Α	Τ	Ξ	Π	Ο	Γ
Π	Ο	Δ	Ή	Λ	Α	Τ	Ο	Χ	Η	Ο	Ο	Π	Ν
Ν	Ι	Κ	Η	Τ	Ή	Σ	Α	Ό	Τ	Β	Λ	Γ	Α
Γ	Υ	Μ	Ν	Α	Σ	Τ	Ι	Κ	Ή	Ψ	Η	Τ	Σ
Η	Ο	Ν	Ω	Ω	Ο	Ι	Η	Ε	Σ	Δ	Ο	Γ	Ξ
Δ	Ι	Υ	Ί	Β	Ρ	Α	Ε	Ϊ	Μ	Ο	Η	Π	Ί

ΠΡΟΠΟΝΗΤΉΣ   ΓΚΟΛΦ
ΔΙΑΙΤΗΤΉΣ   ΧΌΚΕΪ
ΑΘΛΗΤΉΣ   ΚΊΝΗΣΗ
ΜΠΈΙΖΜΠΟΛ   ΓΥΜΝΆΣΙΟ
ΜΠΆΣΚΕΤ   ΟΜΆΔΑ
ΠΟΔΉΛΑΤΟ   ΣΤΆΔΙΟ
ΓΥΜΝΑΣΤΙΚΉ   ΤΈΝΙΣ
ΠΑΊΚΤΗ   ΝΙΚΗΤΗΣ
ΠΑΙΧΝΊΔΙ

19 - Giocattoli

```
Χ  Ί  Σ  Ψ  Δ  Ι  Κ  Φ  Ο  Ρ  Τ  Η  Γ  Ό
Ρ  Ο  Μ  Π  Ό  Τ  Ο  Μ  Δ  Γ  Λ  Μ  Π  Έ
Ρ  Χ  Έ  Α  Π  Ρ  Ύ  Ξ  Π  Υ  Η  Ι  Α  Ί
Α  Α  Ρ  Ζ  Β  Έ  Κ  Μ  Σ  Ά  Β  Δ  Υ  Β
Γ  Ε  Ψ  Λ  Ι  Ν  Λ  Ο  Π  Μ  Λ  Δ  Τ  Ά
Α  Ρ  Λ  Μ  Β  Ο  Α  Γ  Α  Α  Η  Α  Ο  Ρ
Π  Ο  Δ  Ή  Λ  Α  Τ  Ο  Ι  Φ  Ν  Ρ  Κ  Κ
Η  Π  Ξ  Β  Ι  Ω  Σ  Ο  Χ  Α  Χ  Α  Ί  Α
Μ  Λ  Ξ  Ν  Α  Ρ  Έ  Γ  Ν  Μ  Υ  Ν  Δ
Έ  Ά  Α  Σ  Κ  Ά  Κ  Ι  Ί  Τ  Μ  Η  Η  Ψ
Ν  Ν  Τ  Έ  Ν  Ο  Β  Β  Δ  Α  Ψ  Ι  Τ  Ί
Ο  Ο  Ί  Ν  Δ  Δ  Ξ  Ο  Ι  Σ  Ω  Ί  Ο  Η
Σ  Χ  Ρ  Ώ  Μ  Α  Τ  Α  Α  Ί  Π  Ψ  Τ  Ο
Β  Ι  Ο  Τ  Ε  Χ  Ν  Ί  Α  Α  Μ  Ι  Ω  Ι
```

AΕΡΟΠΛΆΝΟ
ΒΙΟΤΕΧΝΊΑ
ΑΥΤΟΚΊΝΗΤΟ
ΚΟΎΚΛΑ
ΒΆΡΚΑ
ΤΎΜΠΑΝΑ
ΠΟΔΉΛΑΤΟ
ΦΟΡΤΗΓΌ
ΠΑΙΧΝΊΔΙΑ

ΦΑΝΤΑΣΊΑ
ΒΙΒΛΙΑ
ΜΠΆΛΑ
ΑΓΑΠΗΜΈΝΟΣ
ΠΑΖΛ
ΡΟΜΠΌΤ
ΣΚΆΚΙ
ΤΡΈΝΟ
ΧΡΏΜΑΤΑ

20 - Strumenti di Cottura

Ν	Τ	Ο	Σ	Τ	Ι	Έ	Ρ	Α	Β	Α	Μ	Α	Ξ
Ί	Δ	Τ	Ρ	Ί	Φ	Τ	Η	Σ	Ρ	Μ	Β	Π	Ω
Μ	Α	Χ	Α	Ί	Ρ	Ι	Ν	Π	Α	Ε	Ο	Ο	Α
Φ	Ο	Ύ	Ρ	Ν	Ο	Σ	Ρ	Γ	Σ	Ξ	Σ	Χ	Π
Κ	Ψ	Κ	Β	Σ	Γ	Γ	Γ	Η	Τ	Λ	Ό	Υ	Ψ
Μ	Ο	Υ	Α	Λ	Ι	Ε	Ψ	Ψ	Ή	Γ	Μ	Μ	Γ
Ο	Έ	Υ	Γ	Π	Π	Ψ	Ρ	Α	Ρ	Ρ	Π	Ω	Μ
Ε	Β	Χ	Τ	Ε	Ά	Μ	Χ	Λ	Α	Π	Α	Τ	Έ
Ξ	Ι	Η	Ψ	Ά	Ί	Κ	Λ	Ί	Σ	Ι	Α	Ή	Ε
Έ	Λ	Ω	Χ	Ρ	Λ	Ο	Ι	Δ	Δ	Ρ	Ξ	Σ	Χ
Γ	Η	Ν	Χ	Λ	Δ	Ι	Ω	Ι	Ι	Ο	Χ	Ψ	Έ
Σ	Π	Ά	Τ	Ο	Υ	Λ	Α	Μ	Η	Ύ	Χ	Ξ	Υ
Θ	Ε	Ρ	Μ	Ό	Μ	Ε	Τ	Ρ	Ο	Ν	Α	Ο	Δ
Έ	Ρ	Σ	Ο	Υ	Ρ	Ω	Τ	Ή	Ρ	Ι	Ο	Ε	Χ

ΒΡΑΣΤΉΡΑΣ
ΣΟΥΡΩΤΉΡΙ
ΜΑΧΑΊΡΙ
ΚΑΠΆΚΙ
ΚΟΥΤΆΛΙ
ΨΑΛΊΔΙ
ΠΙΡΟΎΝΙ
ΦΟΎΡΝΟΣ

ΨΥΓΕΊΟ
ΤΡΊΦΤΗΣ
ΣΠΆΤΟΥΛΑ
ΑΠΟΧΥΜΩΤΉΣ
ΣΌΜΠΑ
ΘΕΡΜΌΜΕΤΡΟ
ΤΟΣΤΙΈΡΑ

21 - Uccelli

```
Ψ  Η  Λ  Υ  Ε  Γ  Σ  Γ  Π  Ά  Π  Ι  Α  Π
Κ  Σ  Ο  Π  Λ  Γ  Λ  Λ  Ε  Ε  Π  Ν  Ε  Ι
Ο  Ο  Ω  Ν  Σ  Χ  Χ  Ά  Ρ  Ρ  Α  Γ  Τ  Γ
Τ  Ο  Υ  Κ  Ά  Ν  Ή  Ρ  Ι  Ω  Ά  Η  Ό  Κ
Ό  Υ  Ο  Κ  Ύ  Κ  Ν  Ο  Σ  Δ  Κ  Σ  Ο
Π  Ι  Σ  Λ  Ο  Ω  Α  Σ  Τ  Ι  Ί  Ο  Ι  Υ
Ο  Κ  Ί  Π  Α  Υ  Γ  Ό  Έ  Ο  Π  Β  Π  Ί
Υ  Ο  Ω  Ο  Ο  Τ  Β  Ι  Ρ  Σ  Ε  Σ  Ε  Ν
Λ  Ύ  Ε  Ξ  Ω  Υ  Π  Ά  Ι  Ε  Λ  Π  Λ  Ο
Ο  Κ  Γ  Έ  Δ  Η  Ρ  Ν  Γ  Ρ  Ε  Α  Α  Σ
Ο  Ο  Η  Ξ  Π  Ί  Ω  Γ  Ω  Ι  Κ  Γ  Ρ  Ε
Ν  Σ  Ι  Ψ  Η  Β  Τ  Γ  Ί  Ω  Α  Ώ  Γ  Ί
Φ  Λ  Α  Μ  Ί  Ν  Γ  Κ  Ο  Τ  Ν  Ν  Ό  Μ
Π  Α  Π  Α  Γ  Ά  Λ  Ο  Σ  Γ  Ι  Ι  Σ  Ι
```

ΕΡΩΔΙΟΣ
ΠΑΠΙΑ
ΑΕΤΟΣ
ΠΕΛΑΡΓΟΣ
ΚΥΚΝΟΣ
ΚΟΥΚΟΣ
ΓΕΡΑΚΙ
ΦΛΑΜΙΝΓΚΟ
ΓΛΑΡΟΣ
ΚΟΥΚΟΥΒΑΓΙΑ

ΧΗΝΑ
ΠΑΠΑΓΑΛΟΣ
ΣΠΟΥΡΓΙΤΙ
ΠΑΓΩΝΙ
ΠΕΛΕΚΑΝ
ΠΕΡΙΣΤΕΡΙ
ΠΙΓΚΟΥΙΝΟΣ
ΚΟΤΟΠΟΥΛΟ
ΤΟΥΚΑΝ
ΑΥΓΟ

22 - Giorni e Mesi

Η	Α	Ο	Δ	Μ	Ή	Ν	Α	Σ	Ε	Π	Α	Σ	Ί
Μ	Υ	Κ	Ε	Β	Δ	Ο	Μ	Ά	Δ	Α	Έ	Ε	Α
Ε	Γ	Τ	Κ	Λ	Π	Ε	Ν	Φ	Έ	Δ	Τ	Π	Τ
Ρ	Ο	Ω	Ε	Η	Σ	Α	Τ	Ε	Τ	Ά	Ρ	Τ	Η
Ο	Ύ	Β	Μ	Τ	Ά	Β	Π	Β	Ρ	Ψ	Ί	Ε	Π
Λ	Σ	Ρ	Β	Ω	Β	Π	Ξ	Ρ	Χ	Χ	Τ	Μ	Χ
Ό	Τ	Ί	Ρ	Υ	Β	Η	Δ	Ο	Ι	Ρ	Η	Β	Χ
Γ	Ο	Ο	Ί	Ε	Α	Ί	Ι	Υ	Π	Λ	Η	Ρ	Ω
Ι	Υ	Υ	Ο	Χ	Τ	Ι	Έ	Α	Χ	Έ	Ί	Ί	Ν
Ο	Ψ	Χ	Υ	Ί	Ο	Ο	Ψ	Ρ	Π	Γ	Α	Ο	Ι
Ι	Ο	Υ	Λ	Ί	Ο	Υ	Σ	Ί	Τ	Ξ	Η	Υ	Υ
Κ	Υ	Ρ	Ι	Α	Κ	Ή	Ι	Ο	Υ	Ν	Ί	Ο	Υ
Ε	Α	Ψ	Ο	Ψ	Γ	Δ	Ε	Υ	Τ	Έ	Ρ	Α	Δ
Ι	Α	Ν	Ο	Υ	Α	Ρ	Ί	Ο	Υ	Δ	Λ	Έ	Ι

ΑΥΓΟΎΣΤΟΥ
ΕΤΟΣ
ΑΠΡΙΛΊΟΥ
ΗΜΕΡΟΛΌΓΙΟ
ΔΕΚΕΜΒΡΊΟΥ
ΚΥΡΙΑΚΉ
ΦΕΒΡΟΥΑΡΊΟΥ
ΙΑΝΟΥΑΡΊΟΥ
ΙΟΥΝΊΟΥ

ΙΟΥΛΊΟΥ
ΔΕΥΤΈΡΑ
ΤΡΊΤΗ
ΤΕΤΆΡΤΗ
ΜΉΝΑΣ
ΟΚΤΩΒΡΊΟΥ
ΣΆΒΒΑΤΟ
ΣΕΠΤΕΜΒΡΊΟΥ
ΕΒΔΟΜΆΔΑ

23 - Casa

```
Β  Ν  Σ  Ο  Β  Λ  Β  Ψ  Χ  Δ  Γ  Ι  Κ  Γ
Ρ  Τ  Ξ  Ί  Ι  Υ  Γ  Κ  Α  Ρ  Ά  Ζ  Ο  Ι
Ύ  Ο  Ι  Π  Β  Λ  Ξ  Ξ  Λ  Ν  Έ  Δ  Υ  Γ
Σ  Υ  Τ  Ά  Λ  Ο  Τ  Ί  Ί  Ω  Δ  Ω  Ζ  Η
Η  Σ  Ζ  Τ  Ι  Σ  Ο  Φ  Ί  Τ  Α  Μ  Ί  Λ
Β  Π  Ά  Ω  Ο  Ί  Ρ  Σ  Λ  Ι  Ν  Ά  Ν  Ά
Π  Ω  Κ  Μ  Θ  Ί  Ε  Ω  Κ  Ε  Α  Τ  Α  Μ
Ε  Α  Ι  Α  Ή  Γ  Χ  Β  Ι  Ο  Χ  Ι  Ξ  Π
Δ  Η  Ρ  Β  Κ  Ή  Π  Ο  Σ  Τ  Ύ  Ο  Ε  Α
Μ  Σ  Τ  Ά  Η  Έ  Ξ  Ω  Σ  Α  Π  Π  Έ  Ω
Ξ  Ξ  Ε  Ε  Θ  Ν  Α  Β  Ν  Β  Ό  Δ  Α  Π
Σ  Τ  Έ  Γ  Η  Υ  Π  Μ  Ψ  Ά  Ρ  Ξ  Ν  Έ
Λ  Μ  Ξ  Μ  Ε  Υ  Ρ  Ω  Ψ  Ν  Τ  Χ  Δ  Ρ
Φ  Ρ  Α  Κ  Τ  Η  Σ  Ο  Ε  Ι  Α  Έ  Ρ  Μ
```

ΣΟΦΊΤΑ
ΒΙΒΛΙΟΘΉΚΗ
ΔΩΜΆΤΙΟ
ΤΖΆΚΙ
ΚΟΥΖΊΝΑ
ΝΤΟΥΣ
ΠΑΡΆΘΥΡΟ
ΓΚΑΡΆΖ
ΚΉΠΟΣ
ΛΆΜΠΑ

ΤΟΊΧΟΣ
ΠΆΤΩΜΑ
ΠΌΡΤΑ
ΦΡΆΚΤΗΣ
ΒΡΎΣΗ
ΣΚΟΎΠΑ
ΤΑΒΆΝΙ
ΧΑΛΊ
ΣΤΈΓΗ

24 - Ristorante #1

Κ	Ξ	Χ	Τ	Σ	Ε	Ρ	Β	Ι	Τ	Ό	Ρ	Α	Λ
Ρ	Ρ	Υ	Ρ	Σ	Ά	Λ	Τ	Σ	Α	Σ	Λ	Χ	Ι
Ά	Ξ	Σ	Ο	Μ	Π	Ο	Λ	Ο	Α	Η	Δ	Μ	Ψ
Τ	Α	Έ	Φ	Ε	Π	Ι	Δ	Ό	Ρ	Π	Ι	Ο	Ω
Η	Β	Ε	Ή	Ν	Ι	Α	Π	Σ	Ν	Λ	Ξ	Τ	Μ
Σ	Ε	Τ	Μ	Ο	Κ	Λ	Λ	Λ	Β	Λ	Γ	Τ	Ί
Η	Σ	Ν	Η	Ύ	Ά	Ε	Λ	Λ	Ά	Ψ	Ψ	Ί	Δ
Δ	Έ	Μ	Σ	Κ	Ν	Σ	Β	Δ	Ε	Κ	Σ	Ρ	Ι
Σ	Υ	Σ	Τ	Α	Τ	Ι	Κ	Ά	Ο	Ρ	Α	Γ	Ψ
Κ	Ε	Υ	Ξ	Φ	Ι	Λ	Η	Ω	Β	Ψ	Γ	Ψ	Ρ
Ρ	Χ	Ν	Ξ	Έ	Κ	Ο	Υ	Ζ	Ί	Ν	Α	Ί	Έ
Έ	Υ	Υ	Η	Α	Ο	Μ	Α	Χ	Α	Ί	Ρ	Ι	Α
Α	Έ	Χ	Α	Ρ	Τ	Ο	Π	Ε	Τ	Σ	Έ	Τ	Α
Σ	Κ	Ο	Τ	Ό	Π	Ο	Υ	Λ	Ο	Υ	Σ	Π	Δ

ΑΛΛΕΡΓΊΑ
ΚΑΦΈ
ΣΕΡΒΙΤΌΡΑ
ΚΡΈΑΣ
ΤΡΟΦΉ
ΜΠΟΛ
ΜΑΧΑΊΡΙ
ΚΟΥΖΊΝΑ
ΕΠΙΔΌΡΠΙΟ

ΣΥΣΤΑΤΙΚΆ
ΜΕΝΟΎ
ΨΩΜΊ
ΠΛΆΚΑ
ΠΙΚΆΝΤΙΚΟ
ΚΟΤΌΠΟΥΛΟ
ΚΡΆΤΗΣΗ
ΣΆΛΤΣΑ
ΧΑΡΤΟΠΕΤΣΈΤΑ

25 - Fantascienza

```
Γ  Α  Λ  Α  Ξ  Ί  Α  Σ  Β  Π  Υ  Υ  Μ  Σ
Φ  Ο  Υ  Τ  Ο  Π  Ί  Α  Μ  Λ  Π  Δ  Υ  Ψ
Μ  Ο  Δ  Ρ  Τ  Χ  Γ  Υ  Υ  Α  Β  Μ  Θ  Ω
Μ  Υ  Υ  Χ  Ν  Ψ  Ι  Σ  Ε  Ν  Ά  Ρ  Ι  Ο
Α  Β  Σ  Τ  Γ  Ψ  Υ  Ί  Ά  Ή  Α  Έ  Σ  Β
Ν  Ι  Τ  Τ  Ο  Ί  Ω  Π  Κ  Τ  Α  Β  Τ  Ξ
Τ  Β  Ο  Π  Η  Υ  Έ  Κ  Ρ  Η  Ξ  Η  Ο  Ρ
Ε  Λ  Π  Κ  Χ  Ρ  Ρ  Υ  Ο  Σ  Ν  Φ  Ρ  Ο
Ί  Ι  Ί  Ν  Ό  Σ  Ι  Ι  Λ  Β  Π  Ω  Ή  Μ
Ο  Α  Α  Τ  Δ  Σ  Γ  Ώ  Σ  Π  Ί  Τ  Μ  Π
Τ  Β  Χ  Ω  Ρ  Ί  Μ  Μ  Δ  Τ  Α  Ι  Α  Ό
Α  Τ  Ο  Μ  Ι  Κ  Ό  Ο  Ρ  Η  Ι  Ά  Τ  Τ
Τ  Ε  Χ  Ν  Ο  Λ  Ο  Γ  Ί  Α  Σ  Κ  Α  Δ
Ρ  Ε  Α  Λ  Ι  Σ  Τ  Ι  Κ  Ή  Ν  Τ  Ό  Β
```

ΑΤΟΜΙΚΌ
ΔΥΣΤΟΠΊΑ
ΈΚΡΗΞΗ
ΆΚΡΟ
ΦΩΤΙΆ
ΦΟΥΤΟΥΡΙΣΤΙΚΌ
ΓΑΛΑΞΊΑΣ
ΒΙΒΛΊΑ
ΜΥΣΤΗΡΙΏΔΗΣ

ΚΌΣΜΟ
ΜΑΝΤΕΊΟ
ΠΛΑΝΉΤΗΣ
ΡΕΑΛΙΣΤΙΚΉ
ΡΟΜΠΌΤ
ΜΥΘΙΣΤΟΡΉΜΑΤΑ
ΣΕΝΆΡΙΟ
ΤΕΧΝΟΛΟΓΊΑ
ΟΥΤΟΠΊΑ

26 - Città

```
Ω  Έ  Σ  Α  Υ  Ν  Τ  Ί  Ο  Ω  Α  Η  Φ  Σ
Α  Γ  Ο  Ρ  Ά  Α  Ρ  Υ  Ν  Δ  Π  Ξ  Α  Χ
Θ  Έ  Α  Τ  Ρ  Ο  Υ  Ξ  Η  Γ  Ο  Ω  Ρ  Ο
Ξ  Ε  Ν  Ο  Δ  Ο  Χ  Ε  Ί  Ο  Θ  Τ  Μ  Λ
Μ  Α  Θ  Π  Λ  Σ  Έ  Έ  Σ  Ω  Η  Ρ  Α  Ε
Ο  Μ  Ο  Ο  Β  Τ  Υ  Κ  Υ  Σ  Κ  Ά  Κ  Ί
Υ  Ά  Π  Ι  Ε  Ά  Δ  Λ  Έ  Α  Ε  Π  Ε  Ο
Σ  Ρ  Ω  Ε  Α  Δ  Μ  Ι  Λ  Χ  Ύ  Ε  Ί  Ν
Ε  Κ  Λ  Ί  Τ  Ι  Ο  Ν  Ί  Ο  Ω  Ζ  Ο  Π
Ί  Ε  Ε  Ο  Π  Ο  Π  Ι  Ι  Έ  Γ  Α  Λ  Ξ
Ο  Τ  Ί  Β  Μ  Β  Μ  Κ  Ξ  Λ  Α  Ή  Λ  Ξ
Ι  Ξ  Ο  Η  Τ  Σ  Έ  Ή  Έ  Ί  Ρ  Τ  Χ  Μ
Α  Ε  Ρ  Ο  Δ  Ρ  Ό  Μ  Ι  Ο  Ί  Ι  Μ  Ί
Π  Α  Ν  Ε  Π  Ι  Σ  Τ  Ή  Μ  Ι  Ο  Ο  Υ
```

ΑΕΡΟΔΡΌΜΙΟ	ΜΟΥΣΕΊΟ
ΤΡΆΠΕΖΑ	ΑΠΟΘΗΚΕΎΩ
ΚΛΙΝΙΚΉ	ΑΡΤΟΠΟΙΕΊΟ
ΦΑΡΜΑΚΕΊΟ	ΣΧΟΛΕΊΟ
ΑΝΘΟΠΩΛΕΊΟ	ΣΤΆΔΙΟ
ΣΥΛΛΟΓΉ	ΜΆΡΚΕΤ
ΞΕΝΟΔΟΧΕΊΟ	ΘΈΑΤΡΟ
ΑΓΟΡΆ	ΠΑΝΕΠΙΣΤΉΜΙΟ

27 - Compleanno

Ε	Ι	Χ	Η	Σ	Χ	Ν	Ε	Ε	Τ	Υ	Η	Μ	Γ
Φ	Ξ	Α	Χ	Β	Α	Π	Τ	Λ	Ι	Ί	Σ	Έ	Σ
Ψ	Ί	Ί	Κ	Ε	Ρ	Ί	Ο	Υ	Ο	Δ	Ί	Ρ	Η
Π	Λ	Λ	Α	Ε	Ο	Ω	Σ	Γ	Χ	Ξ	Ι	Α	Έ
Ρ	Ψ	Τ	Ο	Ε	Ύ	Ω	Β	Υ	Ο	Δ	Π	Κ	Ω
Ό	Τ	Ι	Χ	Ι	Μ	Π	Ν	Ο	Ξ	Π	Α	Α	Ή
Σ	Κ	Ρ	Η	Μ	Ε	Ρ	Ο	Λ	Ό	Γ	Ι	Ο	Δ
Κ	Έ	Χ	Α	Ο	Ν	Ί	Χ	Ξ	Δ	Η	Μ	Ί	Έ
Λ	Ι	Υ	Έ	Γ	Ο	Ω	Ι	Λ	Σ	Ο	Φ	Ί	Α
Η	Κ	Π	Λ	Ξ	Ο	Σ	Μ	Δ	Ώ	Ρ	Ο	Β	Ί
Σ	Ι	Έ	Μ	Ρ	Λ	Ύ	Κ	Ά	Ρ	Τ	Ε	Σ	Γ
Η	Δ	Ι	Α	Σ	Κ	Έ	Δ	Α	Σ	Η	Ώ	Ρ	Α
Γ	Β	Β	Π	Ε	Ξ	Σ	Γ	Ι	Ο	Ρ	Τ	Ή	Σ
Ε	Υ	Τ	Υ	Χ	Ι	Σ	Μ	Έ	Ν	Ο	Γ	Έ	Δ

ΦΊΛΟΙ
ΕΤΟΣ
ΗΜΕΡΟΛΌΓΙΟ
ΚΕΡΊ
ΤΡΑΓΟΎΔΙ
ΚΆΡΤΕΣ
ΓΙΟΡΤΉ
ΔΙΑΣΚΈΔΑΣΗ
ΕΥΤΥΧΙΣΜΈΝΟ

ΧΑΡΟΎΜΕΝΟ
ΜΈΡΑ
ΠΡΌΣΚΛΗΣΗ
ΔΏΡΟ
ΣΟΦΊΑ
ΕΙΔΙΚΉ
ΏΡΑ
ΚΈΙΚ

28 - Fattoria #1

```
Σ Π Ό Ρ Ο Ι Λ Ν Ε Ρ Ό Ί Υ Ψ
Χ Ε Τ Σ Ύ Ο Γ Ί Δ Α Ψ Σ Ν Χ
Σ Δ Ρ Β Γ Ζ Ω Γ Π Μ Ω Α Μ Έ
Ω Ί Β Κ Ε Ν Ι Α Α Α Μ Ν Ο Ί
Χ Ο Ι Ο Ω Ν Ε Ϊ Ι Γ Σ Ό Ι Β
Φ Υ Ε Π Ρ Ξ Ε Δ Ρ Ε Κ Μ Υ Κ
Ρ Η Α Ά Γ Ξ Έ Ο Ψ Λ Ύ Έ Α Ο
Α Μ Ο Δ Ί Σ Η Ύ Ω Ά Λ Λ Χ Τ
Κ Υ Έ Ι Α Ν Ί Ρ Γ Δ Ο Ι Η Ό
Τ Ξ Ά Λ Ο Γ Ο Ι Ά Α Σ Έ Η Π
Η Ο Ν Σ Ι Ω Β Λ Τ Σ Η Σ Μ Ο
Σ Ο Η Δ Ρ Σ Έ Ξ Α Ε Ο Έ Χ Υ
Ο Π Ψ Ν Ν Χ Σ Ο Ο Ρ Β Δ Ο Λ
Μ Ο Σ Χ Ά Ρ Ι Α Ξ Η Μ Α Λ Ο
```

ΝΕΡΌ	ΓΆΤΑ
ΓΕΩΡΓΊΑ	ΚΟΠΆΔΙ
ΜΈΛΙΣΣΑ	ΜΈΛΙ
ΓΑΪΔΟΎΡΙ	ΑΓΕΛΆΔΑ
ΠΕΔΊΟ	ΚΟΤΌΠΟΥΛΟ
ΣΚΎΛΟΣ	ΦΡΑΚΤΗΣ
ΓΊΔΑ	ΡΎΖΙ
ΆΛΟΓΟ	ΣΠΌΡΟΙ
ΛΊΠΑΣΜΑ	ΜΟΣΧΆΡΙ
ΣΑΝΌ	

29 - Paesaggi

Η	Τ	Υ	Σ	Ψ	Έ	Ο	Ω	Ν	Μ	Η	Ψ	Ξ	Ξ
Χ	Ο	Ε	Ψ	Ξ	Σ	Ε	Δ	Κ	Η	Λ	Γ	Ι	Υ
Ε	Ύ	Α	Ρ	Η	Σ	Ι	Ρ	Λ	Ε	Σ	Ο	Β	Χ
Ρ	Ν	Π	Α	Ρ	Α	Λ	Ί	Α	Ω	Α	Ί	Ί	Έ
Σ	Δ	Π	Ε	Ο	Π	Α	Γ	Ε	Τ	Ώ	Ν	Α	Σ
Ό	Ρ	Ο	Ρ	Τ	Α	Β	Ο	Υ	Ν	Ό	Τ	Ό	Ω
Ν	Α	Τ	Ή	Ψ	Γ	Θ	Υ	Π	Σ	Ρ	Α	Ί	Σ
Η	Γ	Α	Μ	Ο	Ό	Ά	Ψ	Τ	Π	Ξ	Β	Τ	Η
Σ	Κ	Μ	Ο	Ί	Β	Λ	Ν	Β	Ή	Α	Ψ	Ξ	Ο
Ο	Β	Ό	Υ	Β	Ο	Α	Β	Ά	Λ	Τ	Ο	Σ	Ν
Χ	Τ	Σ	Λ	Ι	Υ	Σ	Ξ	Ό	Α	Σ	Η	Υ	Λ
Ι	Ξ	Μ	Ό	Π	Ν	Σ	Κ	Ο	Ι	Λ	Ά	Δ	Α
Δ	Α	Ί	Φ	Λ	Ο	Α	Ψ	Δ	Ο	Π	Υ	Β	Ε
Έ	Ξ	Δ	Ο	Μ	Π	Σ	Ι	Λ	Ί	Μ	Ν	Η	Η

ΛΌΦΟ
ΕΡΉΜΟΥ
ΠΟΤΑΜΌΣ
ΠΑΓΕΤΏΝΑΣ
ΚΌΛΠΟΣ
ΣΠΉΛΑΙΟ
ΠΑΓΌΒΟΥΝΟ
ΝΗΣΊ
ΛΊΜΝΗ

ΘΆΛΑΣΣΑ
ΒΟΥΝΌ
ΌΑΣΗ
ΩΚΕΑΝΌΣ
ΒΆΛΤΟΣ
ΧΕΡΣΌΝΗΣΟ
ΠΑΡΑΛΊΑ
ΤΟΎΝΔΡΑ
ΚΟΙΛΆΔΑ

30 - Ristorante #2

```
Ο  Σ  Σ  Ο  Ύ  Π  Α  Ξ  Δ  Μ  Π  Ο  Κ  Ν
Λ  Α  Χ  Α  Ν  Ι  Κ  Ά  Ε  Π  Η  Γ  Έ  Ω
Ν  Λ  Τ  Ε  Μ  Ρ  Ε  Σ  Ί  Α  Α  Ρ  Ι  Μ
Ψ  Ά  Ρ  Ι  Ί  Ο  Σ  Υ  Π  Χ  Ν  Π  Κ  Π
Α  Τ  Φ  Ρ  Ο  Ύ  Τ  Ο  Ν  Α  Ε  Ά  Έ  Ο
Τ  Α  Α  Ω  Ε  Ν  Τ  Ο  Ο  Ρ  Ρ  Γ  Έ  Τ
Μ  Η  Λ  Υ  Β  Ι  Ν  Ρ  Ρ  Ι  Ό  Ο  Η  Ό
Ω  Κ  Ά  Γ  Ε  Ύ  Μ  Α  Ε  Κ  Μ  Σ  Α  Π
Ρ  Α  Τ  Ι  Π  Δ  Π  Ι  Κ  Ό  Γ  Τ  Η  Ρ
Ω  Ρ  Ι  Ξ  Ε  Ρ  Γ  Ι  Τ  Ψ  Ί  Ν  Α  Τ
Α  Έ  Χ  Ο  Σ  Ε  Ρ  Β  Ι  Τ  Ό  Ρ  Ο  Σ
Υ  Κ  Ο  Υ  Τ  Ά  Λ  Ι  Κ  Χ  Σ  Π  Ξ  Ξ
Γ  Λ  Γ  Ξ  Α  Ί  Η  Ν  Ό  Σ  Τ  Ι  Μ  Ο
Α  Α  Ι  Ρ  Γ  Ί  Υ  Έ  Χ  Δ  Δ  Μ  Υ  Μ
```

NEPΌ   ΣΑΛΆΤΑ
ΟΡΕΚΤΙΚΌ   ΣΟΎΠΑ
ΠΟΤΌ   ΨΆΡΙ
ΣΕΡΒΙΤΌΡΟΣ   ΓΕΎΜΑ
ΔΕΊΠΝΟ   ΑΛΆΤΙ
ΚΟΥΤΆΛΙ   ΚΑΡΈΚΛΑ
ΝΌΣΤΙΜΟ   ΜΠΑΧΑΡΙΚΌ
ΠΙΡΟΎΝΙ   ΚΈΙΚ
ΦΡΟΎΤΟ   ΑΥΓΑ
ΠΆΓΟΣ   ΛΑΧΑΝΙΚΆ

31 - Giardino

```
Π  Φ  Τ  Υ  Ά  Ρ  Ι  Ι  Ν  Η  Ί  Σ  Έ  Ν
Ε  Λ  Ρ  Σ  Γ  Κ  Α  Ρ  Ά  Ζ  Ι  Π  Β  Ί
Ρ  Ί  Α  Ω  Ο  Γ  Κ  Α  Ζ  Ό  Ν  Ε  Μ  Ω
Ι  Μ  Μ  Λ  Ά  Υ  Α  Μ  Π  Έ  Λ  Ι  Ν  Π
Β  Ν  Π  Ή  Ί  Ι  Γ  Γ  Ρ  Α  Σ  Ί  Δ  Ι
Ό  Η  Ο  Ν  Ρ  Δ  Ι  Κ  Ή  Π  Ο  Σ  Η  Υ
Λ  Φ  Λ  Α  Λ  Ι  Β  Ε  Ρ  Ά  Ν  Τ  Α  Ί
Ι  Ρ  Ί  Δ  Ί  Ο  Ζ  Ι  Ζ  Ά  Ν  Ι  Α  Ν
Δ  Α  Ν  Π  Έ  Ω  Υ  Σ  Β  Τ  Ν  Ι  Ι  Υ
Ε  Κ  Ο  Ν  Α  Ν  Ξ  Λ  Χ  Ο  Ι  Α  Ώ  Ι
Ι  Τ  Ι  Ί  Ψ  Τ  Τ  Ρ  Ο  Α  Λ  Σ  Ρ  Σ
Β  Η  Ω  Τ  Γ  Π  Ν  Ρ  Σ  Ύ  Ω  Ι  Α  Δ
Ο  Σ  Ε  Ω  Α  Χ  Μ  Ξ  Ο  Ω  Δ  Β  Μ  Ν
Π  Α  Γ  Κ  Ά  Κ  Ι  Π  Ω  Ξ  Ε  Ι  Δ  Δ
```

ΔΈΝΤΡΟ	ΠΑΓΚΆΚΙ
ΑΙΏΡΑ	ΓΚΑΖΌΝ
ΓΡΑΣΊΔΙ	ΤΣΟΥΓΚΡΆΝΑ
ΖΙΖΆΝΙΑ	ΦΡΑΚΤΗΣ
ΛΟΥΛΟΎΔΙ	ΛΊΜΝΗ
ΠΕΡΙΒΌΛΙ	ΒΕΡΆΝΤΑ
ΓΚΑΡΆΖ	ΤΡΑΜΠΟΛΊΝΟ
ΚΉΠΟΣ	ΣΩΛΉΝΑ
ΦΤΥΆΡΙ	ΑΜΠΈΛΙ

32 - Frutta

Α	Γ	Α	Σ	Ύ	Κ	Ο	Ρ	Ο	Ψ	Υ	Α	Χ	Α
Ν	Β	Α	Ν	Υ	Δ	Υ	Ο	Έ	Ξ	Ρ	Χ	Γ	Χ
Α	Α	Ο	Χ	Ω	Ψ	Η	Δ	Μ	Έ	Ο	Ω	Ν	Λ
Ν	Τ	Ψ	Κ	Δ	Α	Μ	Ά	Σ	Κ	Η	Ν	Ο	Ά
Ά	Ό	Η	Ί	Ά	Γ	Α	Κ	Ξ	Π	Λ	Ω	Χ	Δ
Σ	Μ	Ή	Λ	Ο	Ν	Β	Ι	Α	Ο	Μ	Β	Ω	Ι
Τ	Ο	Τ	Π	Ι	Ω	Τ	Ν	Κ	Ρ	Ο	Ε	Η	Π
Α	Υ	Β	Χ	Λ	Β	Χ	Ο	Τ	Τ	Ύ	Ρ	Ι	Χ
Φ	Ρ	Κ	Π	Ε	Π	Ό	Ν	Ι	Ο	Ρ	Ί	Μ	Μ
Ύ	Ο	Α	Ε	Τ	Ν	Γ	Σ	Ν	Κ	Ο	Κ	Ά	Η
Λ	Δ	Υ	Π	Ρ	Μ	Π	Π	Ί	Ά	Ω	Ο	Ν	Χ
Ι	Μ	Π	Α	Ν	Ά	Ν	Α	Δ	Λ	Ρ	Κ	Γ	Λ
Λ	Ε	Μ	Ό	Ν	Ι	Σ	Έ	Ι	Ι	Η	Ο	Κ	Ε
Π	Α	Π	Ά	Γ	Ι	Α	Ι	Ο	Χ	Ι	Ι	Ο	Χ

ΒΕΡΊΚΟΚΟ
ΑΝΑΝΆ
ΠΟΡΤΟΚΆΛΙ
ΑΒΟΚΆΝΤΟ
ΜΟΎΡΟ
ΜΠΑΝΆΝΑ
ΚΕΡΆΣΙ
ΣΎΚΟ
ΑΚΤΙΝΊΔΙΟ
ΒΑΤΌΜΟΥΡΟ

ΛΕΜΌΝΙ
ΜΆΝΓΚΟ
ΜΉΛΟ
ΠΕΠΌΝΙ
ΠΑΠΆΓΙΑ
ΑΧΛΆΔΙ
ΡΟΔΆΚΙΝΟ
ΔΑΜΆΣΚΗΝΟ
ΣΤΑΦΎΛΙ

33 - Fattoria #2

```
Π  Ο  Τ  Ρ  Α  Κ  Τ  Έ  Ρ  Μ  Ξ  Έ  Σ  Β
Ρ  Γ  Γ  Ψ  Γ  Κ  Υ  Ψ  Έ  Λ  Η  Λ  Ψ  Ω
Λ  Ά  Μ  Α  Ρ  Ι  Α  Ρ  Έ  Έ  Α  Ι  Λ  Ο
Ι  Λ  Δ  Χ  Ο  Ξ  Π  Έ  Ν  Ω  Δ  Ρ  Σ  Ν
Β  Α  Έ  Υ  Τ  Γ  Ά  Ε  Ζ  Ώ  Α  Ί  Ν  Σ
Ά  Τ  Ι  Ρ  Η  Ξ  Π  Φ  Ρ  Ο  Ύ  Τ  Ο  Ί
Δ  Ρ  Η  Ώ  Σ  Π  Ι  Υ  Ω  Ι  Χ  Ν  Ψ  Η
Ι  Ο  Γ  Ν  Υ  Ε  Α  Π  Ί  Μ  Β  Β  Μ  Τ
Χ  Φ  Κ  Α  Λ  Α  Μ  Π  Ό  Κ  Ι  Ό  Ν  Ί
Δ  Ή  Π  Π  Ρ  Ό  Β  Α  Τ  Ο  Χ  Γ  Λ  Ε
Έ  Α  Ν  Β  Ο  Σ  Κ  Ό  Έ  Ι  Τ  Ά  Ρ  Ι
Ά  Ρ  Δ  Ε  Υ  Σ  Η  Π  Χ  Χ  Η  Τ  Β  Ί
Μ  Έ  Χ  Ρ  Σ  Κ  Ρ  Ι  Θ  Ά  Ρ  Ι  Λ  Ο
Ν  Λ  Υ  Γ  Δ  Α  Λ  Ο  Ι  Έ  Έ  Ε  Ι  Η  Γ
```

ΑΡΝΊ	ΆΡΔΕΥΣΗ
ΑΓΡΟΤΗΣ	ΛΆΜΑ
ΚΥΨΈΛΗ	ΓΆΛΑ
ΠΆΠΙΑ	ΚΑΛΑΜΠΌΚΙ
ΖΏΑ	ΧΉΝΕΣ
ΤΡΟΦΉ	ΚΡΙΘΆΡΙ
ΑΧΥΡΏΝΑ	ΒΟΣΚΌΣ
ΦΡΟΎΤΟ	ΠΡΌΒΑΤΟ
ΠΕΡΙΒΌΛΙ	ΛΙΒΆΔΙ
ΣΙΤΆΡΙ	ΤΡΑΚΤΈΡ

34 - Dinosauri

```
Λ  Η  Υ  Ί  Τ  Χ  Ε  Ε  Ί  Δ  Ο  Σ  Δ  Έ
Μ  Έ  Γ  Ε  Θ  Ο  Σ  Ξ  Ε  Ε  Α  Σ  Ω  Β
Β  Η  Η  Λ  Ή  Υ  Μ  Α  Έ  Ξ  Σ  Ο  Δ  Ί
Φ  Ί  Έ  Ν  Ρ  Ρ  Α  Φ  Τ  Λ  Μ  Β  Α  Λ
Π  Υ  Α  Υ  Α  Ά  Μ  Ά  Ε  Ψ  Ι  Η  Ξ  Λ
Λ  Α  Τ  Ξ  Μ  Γ  Ο  Ν  Ρ  Χ  Ε  Ξ  Ω  Σ
Έ  Μ  Μ  Ο  Α  Γ  Ύ  Ι  Ά  Δ  Ρ  Δ  Η  Α
Β  Χ  Η  Φ  Φ  Η  Θ  Σ  Σ  Λ  Π  Δ  Ί  Ρ
Π  Μ  Σ  Τ  Ά  Ά  Ε  Η  Τ  Ξ  Ε  Η  Έ  Κ
Α  Ξ  Ξ  Ν  Ί  Γ  Γ  Μ  Ι  Ξ  Τ  Δ  Χ  Ο
Χ  Μ  Ν  Ι  Σ  Ψ  Α  Α  Ο  Χ  Ό  Τ  Ί  Φ
Υ  Λ  Π  Ρ  Ο  Ϊ  Σ  Τ  Ο  Ρ  Ι  Κ  Ή  Ά
Ι  Σ  Χ  Υ  Ρ  Ό  Φ  Τ  Ε  Ρ  Ά  Χ  Ι  Γ
Λ  Α  Π  Ο  Λ  Ι  Θ  Ώ  Μ  Α  Τ  Α  Δ  Ο
```

ΦΤΕΡΆ
ΣΑΡΚΟΦΆΓΟ
ΟΥΡΆ
ΤΕΡΆΣΤΙΟ
ΦΥΤΟΦΆΓΑ
ΕΞΈΛΙΞΗ
ΑΠΟΛΙΘΏΜΑΤΑ
ΜΑΜΟΎΘ
ΠΑΜΦΆΓΑ

ΙΣΧΥΡΌ
ΘΉΡΑΜΑ
ΠΡΟΪΣΤΟΡΙΚΉ
ΕΡΠΕΤΌ
ΕΞΑΦΆΝΙΣΗ
ΕΊΔΟΣ
ΜΈΓΕΘΟΣ
ΓΗ

35 - Verdure

```
Ν  Π  Ω  Μ  Α  Ν  Ι  Τ  Ά  Ρ  Ι  Σ  Ε  Α
Τ  Δ  Γ  Α  Π  Α  Π  Μ  Ι  Ω  Ξ  Μ  Σ  Γ
Ο  Υ  Ε  Ϊ  Ν  Ι  Γ  Α  Ί  Ρ  Ε  Έ  Κ  Κ
Μ  Ω  Ο  Ν  Α  Ρ  Ζ  Γ  Τ  Μ  Ι  Τ  Α  Ι
Ά  Ξ  Ο  Τ  Α  Ο  Β  Έ  Ο  Ά  Α  Ρ  Λ  Ν
Τ  Ρ  Ω  Α  Ρ  Έ  Ι  Χ  Λ  Ύ  Τ  Ε  Ω  Ά
Α  Σ  Κ  Ν  Τ  Ψ  Ν  Σ  Υ  Ι  Ρ  Α  Ν  Ρ
Μ  Π  Ρ  Ό  Κ  Ο  Λ  Ο  Ε  Ι  Ο  Ι  Ί  Α
Σ  Α  Ε  Σ  Ρ  Α  Π  Α  Ν  Ά  Κ  Ι  Δ  Α
Έ  Ν  Μ  Α  Τ  Ζ  Ί  Ν  Τ  Ζ  Ε  Ρ  Α  Ι
Λ  Ά  Μ  Λ  Ο  Π  Ψ  Γ  Κ  Α  Ρ  Ό  Τ  Ο
Ι  Κ  Ύ  Ά  Σ  Κ  Ό  Ρ  Δ  Ο  Ψ  Ω  Ί  Ρ
Ν  Ι  Δ  Τ  Μ  Ε  Λ  Ι  Τ  Ζ  Ά  Ν  Α  Χ
Ο  Ξ  Ι  Α  Γ  Ο  Γ  Γ  Ύ  Λ  Ι  Α  Έ  Τ
```

ΣΚΌΡΔΟ	ΜΠΙΖΈΛΙ
ΜΠΡΌΚΟΛΟ	ΝΤΟΜΆΤΑ
ΑΓΚΙΝΆΡΑ	ΜΑΪΝΤΑΝΌΣ
ΚΑΡΌΤΟ	ΓΟΓΓΎΛΙ
ΑΓΓΟΎΡΙ	ΡΑΠΑΝΆΚΙ
ΚΡΕΜΜΎΔΙ	ΕΣΚΑΛΩΝΊΔΑ
ΜΑΝΙΤΆΡΙ	ΣΈΛΙΝΟ
ΣΑΛΆΤΑ	ΣΠΑΝΆΚΙ
ΜΕΛΙΤΖΆΝΑ	ΤΖΊΝΤΖΕΡ
ΠΑΤΆΤΑ	

36 - Scuola #2

```
Α  Ν  Ά  Γ  Ν  Ω  Σ  Η  Η  Χ  Ν  Υ  Γ  Λ
Κ  Ρ  Π  Λ  Ο  Γ  Ο  Τ  Ε  Χ  Ν  Ί  Α  Ε
Α  Χ  Α  Ρ  Τ  Ί  Ξ  Α  Ο  Γ  Ο  Χ  Λ  Ξ
Δ  Β  Ι  Β  Λ  Ι  Ο  Θ  Ή  Κ  Η  Ξ  Τ  Ι
Η  Ι  Χ  Γ  Λ  Ψ  Α  Λ  Ί  Δ  Ι  Ρ  Γ  Κ
Μ  Β  Ν  Α  Ρ  Ε  Π  Ι  Σ  Τ  Ή  Μ  Η  Ό
Α  Λ  Ί  Β  Μ  Α  Θ  Η  Μ  Α  Τ  Ι  Κ  Ά
Ϊ  Ι  Δ  Υ  Μ  Υ  Μ  Μ  Ο  Λ  Ύ  Β  Ι  Σ
Κ  Α  Ι  Λ  Γ  Ψ  Ν  Μ  Υ  Γ  Τ  Χ  Ε  Α
Ή  Α  Α  Β  Λ  Ε  Έ  Σ  Α  Ψ  Δ  Ω  Δ  Κ
Υ  Β  Ο  Γ  Π  Α  Π  Ο  Ύ  Τ  Σ  Ι  Α  Ί
Ε  Η  Η  Μ  Ε  Ρ  Ο  Λ  Ό  Γ  Ι  Ο  Δ  Δ
Ι  Ε  Κ  Π  Α  Ί  Δ  Ε  Υ  Σ  Η  Κ  Ρ  Ι
Δ  Ά  Σ  Κ  Α  Λ  Ο  Σ  Ί  Σ  Ψ  Λ  Ή  Ο
```

ΑΚΑΔΗΜΑΪΚΉ
ΒΙΒΛΙΟΘΉΚΗ
ΗΜΕΡΟΛΌΓΙΟ
ΧΑΡΤΊ
ΛΕΞΙΚΌ
ΕΚΠΑΊΔΕΥΣΗ
ΨΑΛΊΔΙ
ΠΑΙΧΝΊΔΙΑ
ΓΡΑΜΜΑΤΙΚΉ

ΔΆΣΚΑΛΟΣ
ΛΟΓΟΤΕΧΝΊΑ
ΑΝΆΓΝΩΣΗ
ΒΙΒΛΊΑ
ΜΑΘΗΜΑΤΙΚΆ
ΜΟΛΎΒΙ
ΠΑΠΟΎΤΣΙΑ
ΕΠΙΣΤΉΜΗ
ΣΑΚΊΔΙΟ

37 - Barbecue

```
Π  Κ  Ο  Τ  Ό  Π  Ο  Υ  Λ  Ο  Α  Μ  Ο  Π
Π  Ρ  Ό  Σ  Κ  Λ  Η  Σ  Η  Ο  Λ  Α  Ι  Η
Δ  Ε  Ί  Χ  Π  Ρ  Γ  Υ  Υ  Χ  Ά  Χ  Κ  Ξ
Ε  Μ  Γ  Ά  Ι  Α  Ξ  Ε  Υ  Τ  Τ  Α  Ο  Έ
Ί  Μ  Μ  Ρ  Π  Φ  Ι  Ρ  Ύ  Τ  Ι  Ί  Γ  Ξ
Π  Ύ  Ο  Α  Έ  Ρ  Λ  Χ  Δ  Μ  Ί  Ρ  Έ  Ν
Ν  Δ  Υ  Τ  Ρ  Ο  Φ  Ή  Ν  Β  Α  Ι  Ν  Τ
Ο  Ι  Σ  Σ  Ι  Ύ  Ν  Π  Ε  Ί  Ν  Α  Ε  Ο
Ο  Α  Ι  Α  Υ  Τ  Ε  Ο  Ζ  Χ  Δ  Χ  Ι  Μ
Τ  Ο  Κ  Β  Λ  Ο  Α  Ν  Ε  Ν  Ι  Ι  Α  Ά
Ε  Γ  Ή  Γ  Μ  Ά  Λ  Δ  Σ  Ξ  Τ  Λ  Α  Τ
Σ  Ά  Λ  Τ  Σ  Α  Τ  Δ  Τ  Ί  Β  Σ  Έ  Α
Τ  Γ  Τ  Λ  Υ  Η  Σ  Α  Ό  Ο  Ξ  Β  Τ  Σ
Κ  Α  Λ  Ο  Κ  Α  Ί  Ρ  Ι  Ω  Ί  Έ  Μ  Χ
```

ΖΕΣΤΌ
ΔΕΊΠΝΟ
ΤΡΟΦΉ
ΚΡΕΜΜΎΔΙΑ
ΜΑΧΑΊΡΙΑ
ΚΑΛΟΚΑΊΡΙ
ΠΕΊΝΑ
ΟΙΚΟΓΈΝΕΙΑ
ΦΡΟΎΤΟ
ΠΑΙΧΝΊΔΙΑ

ΣΧΆΡΑ
ΣΑΛΆΤΑ
ΠΡΌΣΚΛΗΣΗ
ΜΟΥΣΙΚΉ
ΠΙΠΈΡΙ
ΚΟΤΌΠΟΥΛΟ
ΝΤΟΜΆΤΑ
ΓΕΎΜΑ
ΑΛΆΤΙ
ΣΆΛΤΣΑ

38 - Riempire

```
Δ  Χ  Π  Ι  Π  Τ  Β  Α  Λ  Ί  Τ  Σ  Α  Δ
Π  Ψ  Β  Ο  Έ  Κ  Π  Ά  Τ  Σ  Υ  Υ  Φ  Λ
Ι  Π  Α  Β  Β  Κ  Α  Ρ  Ζ  Μ  Ε  Ρ  Ά  Μ
Τ  Γ  Ρ  Λ  Λ  Ι  Κ  Λ  Λ  Ο  Π  Τ  Κ  Π
Τ  Σ  Έ  Π  Η  Β  Έ  Ε  Ά  Ξ  Έ  Ά  Ε  Ο
Σ  Α  Λ  Σ  Α  Ώ  Τ  Κ  Λ  Θ  Έ  Ρ  Λ  Υ
Ω  Ϗ  Ι  Σ  Π  Τ  Ο  Ά  Ω  Ι  Ι  Ο  Κ
Λ  Ο  Ε  Ω  Χ  Ι  Χ  Ν  Κ  Ο  Υ  Τ  Ί  Ά
Ή  Ύ  Χ  Χ  Σ  Ο  Η  Η  Ί  Ε  Ι  Τ  Η  Λ
Ν  Λ  Φ  Ά  Κ  Ε  Λ  Ο  Σ  Λ  Ν  Σ  Ί  Ι
Α  Α  Χ  Α  Ρ  Τ  Ο  Κ  Ι  Β  Ώ  Τ  Ι  Ο
Σ  Δ  Ί  Σ  Κ  Ο  Σ  Γ  Ν  Λ  Π  Ε  Ι  Ο
Γ  Ξ  Γ  Ί  Ι  Ι  Χ  Ε  Ι  Α  Δ  Ο  Ν  Ί
Λ  Β  Ι  Χ  Τ  Π  Α  Ί  Β  Η  Ί  Ψ  Σ  Χ
```

ΛΕΚΆΝΗ	ΚΑΛΆΘΙ
ΒΑΡΈΛΙ	ΠΑΚΈΤΟ
ΣΑΚΟΎΛΑ	ΚΟΥΤΊ
ΜΠΟΥΚΆΛΙ	ΤΣΈΠΗ
ΦΆΚΕΛΟΣ	ΣΩΛΉΝΑΣ
ΦΆΚΕΛΟ	ΒΑΛΊΤΣΑ
ΧΑΡΤΟΚΙΒΏΤΙΟ	ΒΆΖΟ
ΚΙΒΏΤΙΟ	ΔΊΣΚΟΣ
ΣΥΡΤΆΡΙ	

39 - Insetti

```
Υ Χ Τ Ε Ρ Μ Ί Τ Η Σ Λ Μ Ρ Λ
Ί Ο Ω Ί Τ Έ Σ Ε Ξ Δ Φ Ν Μ Γ
Π Α Σ Χ Α Λ Ί Τ Σ Α Β Ή Π Μ
Κ Έ Π Π Κ Ι Μ Υ Ρ Μ Ή Γ Κ Ι
Λ Α Υ Έ Ρ Σ Κ Ν Ί Π Α Ε Α Α
Υ Ρ Τ Ρ Ί Σ Τ Ζ Ι Τ Ζ Ί Κ Ι
Σ Π Β Σ Δ Α Σ Κ Ο Υ Λ Ή Κ Ι
Κ Ο Α Ψ Α Π Ε Τ Α Λ Ο Ύ Δ Α
Α Η Α Ί Έ Ρ Ι Ρ Ν Σ Σ Υ Α Υ
Θ Λ Ν Ψ Θ Τ Ί Η Ε Κ Σ Λ Ψ Ψ
Ά Π Ξ Η Ε Ρ Ν Δ Η Ώ Ρ Σ Γ Λ
Ρ Χ Ο Ε Υ Ί Ι Λ Α Ρ Β Ρ Π Σ
Ι Μ Ά Ν Τ Η Σ Α Τ Ο Ε Ί Ο Γ
Μ Ε Λ Ί Γ Κ Ρ Α Γ Σ Δ Ο Ι Ο
```

ΜΕΛΊΓΚΡΑ
ΜΈΛΙΣΣΑ
ΑΚΡΊΔΑ
ΤΖΙΤΖΊΚΙ
ΠΑΣΧΑΛΊΤΣΑ
ΣΚΑΘΆΡΙ
ΣΚΏΡΟΣ
ΠΕΤΑΛΟΎΔΑ

ΜΥΡΜΉΓΚΙ
ΜΆΝΤΗΣ
ΣΚΝΊΠΑ
ΥΠΑΊΘΡΙΑ
ΚΑΤΣΑΡΊΔΑ
ΤΕΡΜΊΤΗΣ
ΣΚΟΥΛΉΚΙ
ΣΦΉΚΑ

40 - Erboristeria

```
Σ  Ξ  Δ  Ε  Ν  Δ  Ρ  Ο  Λ  Ί  Β  Α  Ν  Ο
Λ  Υ  Ξ  Μ  Ά  Ρ  Α  Θ  Ο  Ε  Α  Γ  Ν  Μ
Ρ  Ε  Σ  Μ  Ο  Ν  Β  Υ  Δ  Ρ  Σ  Γ  Η  Α
Λ  Ί  Β  Τ  Α  Ρ  Ω  Μ  Α  Τ  Ι  Κ  Ό  Ν
Ο  Ο  Γ  Ά  Α  Ο  Ί  Ά  Μ  Ξ  Λ  Ά  Π  Τ
Υ  Α  Τ  Α  Ν  Τ  Π  Ρ  Ά  Σ  Ι  Ν  Ο  Ζ
Λ  Σ  Π  Ο  Ν  Τ  Ι  Ι  Υ  Ν  Κ  Η  Ι  Ο
Ο  Γ  Χ  Ο  Ι  Η  Α  Κ  Ο  Ξ  Ο  Θ  Ό  Υ
Ύ  Μ  Α  Ϊ  Ν  Τ  Α  Ν  Ό  Σ  Ύ  Ο  Τ  Ρ
Δ  Έ  Κ  Ρ  Ο  Κ  Ο  Σ  Ρ  Κ  Ξ  Κ  Η  Ά
Ι  Ν  Ξ  Β  Σ  Ν  Χ  Π  Ο  Ό  Ξ  Ή  Τ  Ν
Γ  Τ  Γ  Η  Υ  Ι  Ρ  Ρ  Σ  Ρ  Ι  Π  Α  Α
Μ  Α  Γ  Ε  Ι  Ρ  Ι  Κ  Ή  Δ  Δ  Ο  Η  Ν
Ε  Σ  Τ  Ρ  Α  Γ  Κ  Ό  Ν  Ο  Ν  Σ  Ν  Β
```

ΣΚΌΡΔΟ
ΆΝΗΘΟ
ΑΡΩΜΑΤΙΚΌ
ΒΑΣΙΛΙΚΟΎ
ΜΑΓΕΙΡΙΚΉ
ΕΣΤΡΑΓΚΌΝ
ΜΆΡΑΘΟ
ΛΟΥΛΟΎΔΙ
ΚΉΠΟΣ
ΣΥΣΤΑΤΙΚΌ

ΛΕΒΆΝΤΑ
ΜΑΝΤΖΟΥΡΆΝΑ
ΜΈΝΤΑ
ΡΊΓΑΝΗ
ΜΑΪΝΤΑΝΌΣ
ΠΟΙΌΤΗΤΑ
ΔΕΝΔΡΟΛΊΒΑΝΟ
ΘΥΜΆΡΙ
ΠΡΆΣΙΝΟ
ΚΡΟΚΟΣ

41 - Danza

Α	Κ	Α	Δ	Η	Μ	Ί	Α	Π	Ο	Μ	Ψ	Ο	Σ
Π	Α	Ρ	Τ	Ε	Ν	Έ	Ρ	Ο	Ν	Ο	Κ	Μ	Σ
Σ	Ώ	Μ	Α	Ρ	Ν	Υ	Λ	Λ	Ε	Υ	Ί	Γ	Υ
Χ	Ρ	Ε	Γ	Ι	Ο	Τ	Γ	Ι	Κ	Σ	Ν	Π	Γ
Η	Ο	Π	Ψ	Ν	Γ	Γ	Ψ	Τ	Φ	Ι	Η	Ψ	Κ
Β	Π	Ρ	Υ	Θ	Μ	Ο	Ύ	Ι	Ρ	Κ	Σ	Π	Ί
Κ	Ε	Ό	Ο	Μ	Α	Ν	Ν	Σ	Α	Ή	Η	Ρ	Ν
Π	Λ	Β	Ο	Γ	Υ	Ξ	Υ	Μ	Σ	Τ	Ά	Σ	Η
Ε	Η	Α	Α	Π	Ρ	Σ	Β	Ό	Τ	Ψ	Ν	Ω	Σ
Π	Δ	Μ	Σ	Δ	Τ	Α	Β	Σ	Ι	Π	Σ	Τ	Η
Σ	Η	Α	Π	Ι	Χ	Ι	Φ	Ψ	Κ	Χ	Ά	Ρ	Η
Τ	Έ	Χ	Ν	Η	Κ	Ί	Κ	Ί	Ή	Δ	Η	Β	Π
Ο	Α	Π	Ξ	Έ	Ι	Ή	Χ	Ή	Α	Έ	Ω	Ο	Η
Π	Ο	Λ	Ι	Τ	Ι	Σ	Τ	Ι	Κ	Ή	Ξ	Ψ	Μ

ΑΚΑΔΗΜΊΑ
ΤΈΧΝΗ
ΚΛΑΣΙΚΉ
ΠΑΡΤΕΝΈΡ
ΧΟΡΟΓΡΑΦΊΑ
ΣΏΜΑ
ΠΟΛΙΤΙΣΜΌΣ
ΠΟΛΙΤΙΣΤΙΚΉ
ΣΥΓΚΊΝΗΣΗ

ΕΚΦΡΑΣΤΙΚΉ
ΧΆΡΗ
ΚΊΝΗΣΗ
ΜΟΥΣΙΚΉ
ΣΤΆΣΗ
ΠΡΌΒΑ
ΡΥΘΜΟΎ
ΟΠΤΙΚΉ

42 - Commedia

Δ	Ε	Ω	Γ	Α	Γ	Ξ	Τ	Ο	Δ	Α	Τ	Χ	Ν
Χ	Α	Σ	Τ	Ε	Ί	Ο	Η	Χ	Ι	Κ	Η	Υ	Λ
Χ	Ο	Π	Ί	Κ	Μ	Χ	Λ	Ε	Α	Ρ	Β	Ξ	Ί
Ρ	Γ	Γ	Β	Φ	Σ	Ι	Ε	Ι	Σ	Ο	Ρ	Δ	Α
Ξ	Ι	Έ	Φ	Ρ	Χ	Ο	Ό	Ρ	Κ	Α	Ε	Β	Ι
Μ	Β	Λ	Ο	Α	Τ	Ύ	Ρ	Ο	Έ	Τ	Τ	Ν	Ξ
Α	Ί	Ι	Ρ	Σ	Μ	Μ	Α	Κ	Δ	Ή	Ω	Σ	Δ
Ί	Σ	Ο	Έ	Τ	Δ	Ο	Σ	Ρ	Α	Ρ	Ι	Ψ	Υ
Μ	Ρ	Έ	Α	Ι	Ξ	Ρ	Η	Ό	Σ	Ι	Δ	Β	Ι
Λ	Ο	Α	Σ	Κ	Ί	Σ	Ω	Τ	Η	Ο	Ί	Η	Β
Ι	Ρ	Σ	Ε	Ή	Ξ	Χ	Υ	Η	Ε	Ί	Δ	Ο	Σ
Κ	Λ	Ό	Ο	Υ	Ν	Ω	Ψ	Μ	Γ	Π	Σ	Μ	Έ
Θ	Έ	Α	Τ	Ρ	Ο	Α	Π	Α	Ρ	Ω	Δ	Ί	Α
Α	Σ	Τ	Ε	Ί	Α	Η	Θ	Ο	Π	Ο	Ι	Ό	Σ

ΧΕΙΡΟΚΡΌΤΗΜΑ
ΦΟΡΈΑΣ
ΗΘΟΠΟΙΌΣ
ΚΛΌΟΥΝ
ΑΣΤΕΊΟ
ΔΙΑΣΚΈΔΑΣΗ
ΕΚΦΡΑΣΤΙΚΉ
ΕΊΔΟΣ

ΠΑΡΩΔΊΑ
ΑΚΡΟΑΤΉΡΙΟ
ΓΈΛΙΟ
ΑΣΤΕΊΑ
ΘΈΑΤΡΟ
ΤΗΛΕΌΡΑΣΗ
ΧΙΟΎΜΟΡ

43 - Scuola #1

```
Ε  Σ  Τ  Υ  Λ  Ό  Δ  Μ  Γ  Ν  Τ  Α  Μ  Β
Γ  Ε  Ύ  Μ  Α  Ρ  Ι  Θ  Μ  Ο  Ί  Λ  Α  Ι
Δ  Ρ  Μ  Λ  Ρ  Έ  Έ  Η  Α  Τ  Λ  Φ  Θ  Β
Ω  Ι  Α  Π  Ά  Ν  Τ  Η  Σ  Η  Π  Ά  Η  Λ
Π  Η  Α  Φ  Η  Ν  Ά  Γ  Γ  Κ  Η  Β  Μ  Ι
Έ  Α  Ο  Σ  Ε  Ί  Ξ  Β  Ε  Α  Φ  Η  Α  Ο
Χ  Ε  Ί  Τ  Κ  Ί  Η  Π  Ξ  Ρ  Α  Τ  Τ  Θ
Ν  Α  Ν  Ί  Π  Έ  Ο  Υ  Ε  Έ  Κ  Ο  Ι  Ή
Η  Γ  Ρ  Σ  Γ  Ξ  Δ  Έ  Τ  Κ  Ε  Γ  Κ  Κ
Α  Ω  Γ  Τ  Ι  Υ  Έ  Α  Ά  Λ  Λ  Δ  Ά  Η
Α  Κ  Ο  Υ  Ί  Ζ  Π  Ο  Σ  Α  Ο  Ρ  Ε  Α
Δ  Ά  Σ  Κ  Α  Λ  Ο  Σ  Ε  Η  Ι  Ο  Μ  Ο
Μ  Ο  Λ  Ύ  Β  Ι  Χ  Β  Ι  Β  Λ  Ι  Α  Μ
Φ  Ί  Λ  Ο  Ι  Β  Σ  Χ  Σ  Έ  Ί  Ψ  Τ  Ο
```

ΑΛΦΆΒΗΤΟ
ΦΊΛΟΙ
ΤΆΞΗ
ΒΙΒΛΙΟΘΉΚΗ
ΧΑΡΤΊ
ΦΑΚΕΛΟΙ
ΔΙΑΣΚΈΔΑΣΗ
ΕΞΕΤΆΣΕΙΣ
ΔΆΣΚΑΛΟΣ
ΒΙΒΛΙΑ

ΜΑΘΗΜΑΤΙΚΆ
ΜΟΛΎΒΙ
ΑΡΙΘΜΟΊ
ΣΤΥΛΌ
ΓΕΎΜΑ
ΚΟΥΊΖ
ΑΠΆΝΤΗΣΗ
ΓΡΑΦΕΊΟ
ΚΑΡΈΚΛΑ

44 - Fiori

```
Υ  Λ  Υ  Η  Ξ  Σ  Σ  Υ  Η  Κ  Ο  Ι  Τ  Π
Δ  Δ  Ε  Τ  Ω  Λ  Γ  Ί  Λ  Α  Ρ  Β  Ρ  Α
Ξ  Έ  Λ  Β  Λ  Ν  Ξ  Π  Ι  Λ  Χ  Ί  Ι  Π
Ι  Σ  Ν  Έ  Ά  Ξ  Λ  Β  Ο  Έ  Ι  Σ  Α  Α
Γ  Α  Ρ  Δ  Έ  Ν  Ι  Α  Τ  Ν  Δ  Κ  Ν  Ρ
Μ  Π  Ο  Υ  Κ  Έ  Τ  Ο  Ρ  Τ  Έ  Ο  Τ  Ο
Μ  Α  Τ  Σ  Ρ  Ο  Λ  Α  Ό  Ο  Α  Σ  Ά  Ύ
Α  Σ  Ο  Έ  Ί  Η  Μ  Έ  Π  Υ  Ο  Χ  Φ  Ν
Ν  Χ  Υ  Ω  Ν  Ο  Ε  Τ  Ι  Λ  Γ  Ω  Υ  Α
Ό  Α  Γ  Δ  Ο  Σ  Ω  Μ  Ο  Α  Δ  Ρ  Λ  Τ
Λ  Λ  Ί  Γ  Σ  Π  Ε  Τ  Α  Λ  Ο  Χ  Λ  Έ
Ι  Ι  Π  Α  Σ  Σ  Ι  Φ  Λ  Ό  Ρ  Α  Ο  Ρ
Α  Ά  Π  Ι  Κ  Ρ  Α  Λ  Ί  Δ  Α  Τ  Η  Η
Έ  Λ  Τ  Ρ  Ι  Φ  Ύ  Λ  Λ  Ι  Ο  Α  Ι  Ο
```

ΚΑΛΈΝΤΟΥΛΑ
ΠΙΚΡΑΛΊΔΑ
ΓΑΡΔΈΝΙΑ
ΚΡΊΝΟΣ
ΗΛΙΟΤΡΌΠΙΟ
ΙΒΊΣΚΟΣ
ΛΕΒΆΝΤΑ
ΠΑΣΧΑΛΙΆ

ΜΑΝΌΛΙΑ
ΜΠΟΥΚΈΤΟ
ΟΡΧΙΔΈΑ
ΠΑΠΑΡΟΎΝΑ
ΠΑΣΣΙΦΛΌΡΑ
ΠΈΤΑΛΟ
ΤΡΙΑΝΤΆΦΥΛΛΟ
ΤΡΙΦΎΛΛΙ

45 - Ecologia

```
Ε  Π  Ξ  Π  Κ  Ψ  Χ  Έ  Ψ  Φ  Μ  Ψ  Θ  Β
Θ  Α  Η  Χ  Ο  Β  Ξ  Φ  Υ  Ύ  Υ  Α  Α  Λ
Ε  Γ  Ρ  Μ  Ι  Ι  Έ  Υ  Ω  Σ  Χ  Ψ  Λ  Ά
Λ  Κ  Α  Η  Ν  Ώ  Κ  Σ  Ω  Η  Τ  Δ  Ά  Σ
Ο  Ό  Σ  Ν  Ό  Σ  Ο  Ι  Μ  Π  Ε  Ο  Σ  Τ
Ν  Σ  Ί  Μ  Τ  Ι  Β  Κ  Λ  Ί  Μ  Α  Σ  Η
Τ  Μ  Α  Έ  Η  Μ  Ο  Ή  Α  Ί  Χ  Ξ  Ι  Σ
Έ  Ι  Φ  Ω  Τ  Η  Υ  Χ  Χ  Ο  Α  Ε  Ο  Η
Σ  Α  Μ  Υ  Α  Α  Ν  Π  Α  Ν  Ί  Δ  Α  Σ
Ξ  Α  Ψ  Ν  Τ  Ρ  Ά  Β  Ό  Γ  Ν  Σ  Λ  Ω
Ε  Ί  Δ  Ο  Σ  Ά  Χ  Λ  Ω  Ρ  Ί  Δ  Α  Ι
Β  Ε  Έ  Ο  Α  Ι  Γ  Η  Ψ  Ν  Ω  Έ  Έ  Α
Έ  Σ  Ί  Τ  Μ  Α  Ν  Σ  Έ  Ι  Ξ  Ν  Ί  Τ
Ι  Υ  Δ  Σ  Ε  Π  Ι  Β  Ί  Ω  Σ  Η  Σ  Ξ
```

ΚΛΊΜΑ	ΦΥΣΙΚΉ
ΚΟΙΝΌΤΗΤΑ	ΦΥΤΆ
ΠΟΙΚΙΛΊΑ	ΠΌΡΩΝ
ΠΑΝΊΔΑ	ΞΗΡΑΣΊΑ
ΧΛΩΡΊΔΑ	ΕΠΙΒΊΩΣΗ
ΠΑΓΚΌΣΜΙΑ	ΒΙΏΣΙΜΗ
ΘΑΛΆΣΣΙΟ	ΕΊΔΟΣ
ΒΟΥΝΆ	ΒΛΆΣΤΗΣΗ
ΦΎΣΗ	ΕΘΕΛΟΝΤΈΣ

46 - Discipline Scientifiche

```
Ψ  Μ  Ε  Σ  Ι  Β  Ι  Ο  Χ  Η  Μ  Ε  Ί  Α
Α  Υ  Η  Β  Ο  Τ  Α  Ν  Ι  Κ  Ή  Υ  Γ  Ξ
Ρ  Ν  Χ  Χ  Ν  Ε  Υ  Ρ  Ο  Λ  Ο  Γ  Ί  Α
Χ  Μ  Ο  Ο  Α  Υ  Α  Ν  Α  Τ  Ο  Μ  Ί  Α
Α  Β  Ψ  Σ  Λ  Ν  Ψ  Β  Τ  Η  Χ  Α  Γ  Φ
Ι  Τ  Ι  Έ  Ο  Ο  Ι  Ξ  Ω  Π  Σ  Σ  Ο  Υ
Ο  Υ  Σ  Ε  Π  Λ  Γ  Κ  Χ  Ο  Β  Τ  Ν  Σ
Λ  Ί  Ψ  Γ  Σ  Ρ  Ο  Ί  Ή  Έ  Σ  Ρ  Υ  Ι
Ο  Χ  Η  Μ  Ε  Ί  Α  Γ  Α  Ί  Χ  Ο  Ί  Ο
Γ  Χ  Ί  Χ  Δ  Ω  Σ  Τ  Ί  Β  Ρ  Ν  Ί  Λ
Ί  Ζ  Ω  Ο  Λ  Ο  Γ  Ί  Α  Α  Α  Ο  Ε  Ο
Α  Ο  Ι  Κ  Ο  Λ  Ο  Γ  Ί  Α  Σ  Μ  Δ  Γ
Χ  Δ  Μ  Ν  Ω  Β  Ι  Ο  Λ  Ο  Γ  Ί  Α  Ί
Γ  Ε  Ω  Λ  Ο  Γ  Ί  Α  Σ  Ξ  Σ  Α  Ι  Α
```

ΑΝΑΤΟΜΊΑ
ΑΡΧΑΙΟΛΟΓΊΑ
ΑΣΤΡΟΝΟΜΊΑ
ΒΙΟΧΗΜΕΊΑ
ΒΙΟΛΟΓΊΑ
ΒΟΤΑΝΙΚΉ
ΧΗΜΕΊΑ
ΟΙΚΟΛΟΓΊΑ

ΦΥΣΙΟΛΟΓΊΑ
ΓΕΩΛΟΓΊΑ
ΑΝΟΣΟΛΟΓΊΑ
ΜΗΧΑΝΙΚΉ
ΝΕΥΡΟΛΟΓΊΑ
ΨΥΧΟΛΟΓΊΑ
ΖΩΟΛΟΓΊΑ

47 - Scienza

Π	Ε	Ί	Ρ	Α	Μ	Α	Φ	Ψ	Β	Ί	Υ	Λ	Ε
Α	Υ	Λ	Έ	Ο	Ο	Ρ	Υ	Κ	Τ	Ά	Π	Β	Ρ
Ρ	Α	Ι	Χ	Μ	Β	Μ	Σ	Κ	Υ	Έ	Ό	Γ	Γ
Α	Π	Ψ	Ι	Η	Ε	Ό	Ι	Λ	Ί	Σ	Θ	Ε	Α
Τ	Ω	Υ	Ω	Ψ	Μ	Ρ	Κ	Ί	Ν	Μ	Ε	Γ	Σ
Ή	Φ	Ύ	Σ	Η	Έ	Ι	Ή	Μ	Β	Έ	Σ	Ο	Τ
Ρ	Ο	Ν	Ι	Ω	Μ	Α	Κ	Α	Ά	Θ	Η	Ν	Ή
Η	Γ	Ο	Ι	Ν	Μ	Ψ	Ψ	Ή	Τ	Ο	Ψ	Ό	Ρ
Σ	Ξ	Ε	Ξ	Λ	Υ	Α	Τ	Τ	Ο	Δ	Ο	Σ	Ι
Η	Ξ	Η	Υ	Σ	Τ	Ι	Τ	Έ	Μ	Ο	Σ	Ψ	Ο
Β	Α	Ρ	Ύ	Τ	Η	Τ	Α	Ί	Ο	Σ	Ψ	Ψ	Σ
Ε	Ξ	Έ	Λ	Ι	Ξ	Η	Π	Ρ	Δ	Ι	Δ	Α	Υ
Ο	Ρ	Γ	Α	Ν	Ι	Σ	Μ	Ό	Σ	Ι	Ξ	Έ	Ξ
Γ	Ν	Ο	Α	Π	Ο	Λ	Ί	Θ	Ω	Μ	Α	Ω	Β

ΆΤΟΜΟ
ΧΗΜΙΚΉ
ΚΛΊΜΑ
ΠΕΊΡΑΜΑ
ΕΞΈΛΙΞΗ
ΓΕΓΟΝΌΣ
ΦΥΣΙΚΉ
ΑΠΟΛΊΘΩΜΑ
ΒΑΡΎΤΗΤΑ

ΥΠΌΘΕΣΗ
ΕΡΓΑΣΤΉΡΙΟ
ΜΈΘΟΔΟΣ
ΟΡΥΚΤΆ
ΜΌΡΙΑ
ΦΎΣΗ
ΟΡΓΑΝΙΣΜΌΣ
ΠΑΡΑΤΉΡΗΣΗ
ΣΩΜΑΤΊΔΙΑ

48 - Acqua

```
Ω  Κ  Ε  Α  Ν  Ό  Σ  Τ  Η  Ρ  Ν  Χ  Ξ  Π
Ι  Έ  Ε  Β  Λ  Ο  Η  Λ  Ξ  Ι  Ρ  Α  Δ  Λ
Υ  Υ  Ξ  Ξ  Λ  Ε  Χ  Ω  Ί  Η  Ο  Τ  Ν  Η
Γ  Γ  Ο  Ε  Ά  Ο  Α  Έ  Β  Ρ  Ο  Χ  Ή  Μ
Ρ  Ά  Ρ  Κ  Π  Τ  Π  Ο  Τ  Α  Μ  Ό  Σ  Μ
Ό  Ρ  Α  Α  Β  Ά  Μ  Σ  Μ  Δ  Ο  Ι  Ι  Ύ
Ν  Δ  Τ  Ν  Σ  Λ  Γ  Ι  Τ  Α  Υ  Χ  Ψ  Ρ
Τ  Ε  Μ  Ά  Χ  Ί  Ί  Ο  Σ  Α  Σ  Χ  Ψ  Α
Ο  Υ  Ο  Λ  Ι  Μ  Α  Κ  Σ  Η  Ώ  Ι  Π  Α
Υ  Σ  Ύ  Ι  Σ  Ν  Σ  Ύ  Δ  Ω  Ν  Ό  Ό  Η
Σ  Η  Χ  Β  Ρ  Η  Ψ  Μ  Ν  Μ  Α  Ν  Σ  Ρ
Χ  Ι  Ο  Υ  Ρ  Ι  Κ  Α  Ν  Α  Σ  Ι  Ι  Ν
Ξ  Μ  Ω  Σ  Ρ  Π  Α  Τ  Ί  Ρ  Ί  Γ  Μ  Ψ
Π  Ά  Γ  Ω  Ν  Ι  Ά  Α  Υ  Έ  Ξ  Μ  Ο  Δ
```

ΠΛΗΜΜΎΡΑ

ΚΑΝΆΛΙ

ΝΤΟΥΣ

ΕΞΆΤΜΙΣΗ

ΠΟΤΑΜΌΣ

ΠΑΓΩΝΙΆ

ΠΆΓΟΣ

ΆΡΔΕΥΣΗ

ΛΊΜΝΗ

ΜΟΥΣΏΝΑΣ

ΧΙΌΝΙ

ΩΚΕΑΝΌΣ

ΚΎΜΑΤΑ

ΒΡΟΧΉ

ΠΌΣΙΜΟ

ΥΓΡΑΣΊΑ

ΥΓΡΌ

ΧΙΟΥΡΙΚΑΝΑΣ

ΑΤΜΟΎ

49 - Gatti

```
Π  Ρ  Ο  Σ  Ω  Π  Ι  Κ  Ό  Τ  Η  Τ  Α  Λ
Ψ  Ο  Α  Ν  Ε  Ξ  Ά  Ρ  Τ  Η  Τ  Η  Η  Ξ
Τ  Υ  Ν  Ή  Μ  Α  Ν  Β  Ξ  Λ  Χ  Χ  Γ  Ν
Π  Ρ  Ο  Τ  Υ  Ρ  Υ  Ί  Ψ  Β  Έ  Δ  Ο  Τ
Ό  Ά  Ε  Μ  Ί  Ω  Ν  Σ  Τ  Ν  Τ  Ί  Ύ  Ρ
Δ  Δ  Ο  Λ  Τ  Κ  Α  Σ  Τ  Ε  Ί  Ο  Ν  Ο
Ι  Έ  Σ  Ρ  Ό  Ο  Ι  Γ  Β  Ο  Ψ  Ρ  Α  Π
Π  Α  Ι  Χ  Ν  Ι  Δ  Ι  Ά  Ρ  Ι  Κ  Ο  Α
Ν  Ύ  Χ  Ι  Ι  Μ  Τ  Ο  Ψ  Ξ  Σ  Τ  Ν  Λ
Γ  Α  Ρ  Λ  Ν  Ά  Γ  Ρ  Ι  Ο  Έ  Γ  Γ  Ό
Τ  Ν  Β  Ρ  Γ  Μ  Κ  Υ  Ν  Η  Γ  Ό  Σ  Σ
Τ  Έ  Ξ  Η  Γ  Α  Έ  Ν  Ψ  Β  Τ  Ρ  Ω  Ε
Ε  Υ  Ί  Η  Γ  Ι  Δ  Ω  Δ  Ί  Ο  Ξ  Ψ  Υ
Ω  Π  Ε  Ρ  Ί  Ε  Ρ  Γ  Ο  Σ  Ί  Ο  Ι  Α
```

ΝΎΧΙ
ΚΥΝΗΓΌΣ
ΟΥΡΆ
ΠΕΡΊΕΡΓΟΣ
ΑΣΤΕΊΟ
ΚΟΙΜΆΜΑΙ
ΝΉΜΑ
ΠΑΙΧΝΙΔΙΆΡΙΚΟ

ΑΝΕΞΆΡΤΗΤΗ
ΤΡΕΛΌ,
ΓΟΎΝΑ
ΠΡΟΣΩΠΙΚΌΤΗΤΑ
ΆΓΡΙΟ
ΝΤΡΟΠΑΛΌΣ
ΠΟΝΤΊΚΙ
ΠΌΔΙ

50 - Surf

```
Γ  Δ  Τ  Ε  Κ  Ύ  Μ  Α  Ο  Σ  Δ  Τ  Ψ  Π
Η  Ω  Κ  Ε  Α  Ν  Ό  Σ  Ξ  Τ  Ύ  Α  Έ  Γ
Ί  Π  Ο  Η  Ι  Ξ  Ι  Π  Σ  Υ  Ν  Χ  Α  Ο
Β  Ψ  Π  Α  Ρ  Α  Λ  Ί  Α  Λ  Α  Ύ  Ρ  Δ
Ο  Β  Ρ  Θ  Ό  Α  Φ  Ρ  Ό  Σ  Μ  Τ  Χ  Ι
Δ  Α  Ω  Λ  Σ  Π  Λ  Ή  Θ  Η  Η  Η  Ά  Α
Λ  Ρ  Τ  Η  Ψ  Τ  Ί  Α  Ο  Α  Ε  Τ  Ρ  Σ
Ο  Γ  Α  Τ  Σ  Ω  Ο  Ξ  Ω  Α  Π  Α  Ι  Κ
Ί  Ι  Θ  Ή  Ί  Ι  Ψ  Μ  Α  Ξ  Λ  Γ  Ο  Έ
Ξ  Ν  Λ  Σ  Δ  Σ  Ί  Ν  Ά  Κ  Ρ  Ο  Σ  Δ
Χ  Γ  Η  Γ  Έ  Μ  Ε  Τ  Ψ  Χ  Λ  Β  Έ  Α
Ω  Υ  Τ  Ψ  Ι  Δ  Η  Μ  Ο  Φ  Ι  Λ  Ή  Σ
Γ  Τ  Ή  Ξ  Έ  Ρ  Α  Ε  Σ  Δ  Μ  Λ  Ί  Η
Μ  Ψ  Σ  Κ  Ο  Ύ  Π  Ί  Α  Έ  Τ  Τ  Σ  Ρ
```

ΑΘΛΗΤΉΣ	ΚΟΥΠΊ
ΠΡΩΤΑΘΛΗΤΉΣ	ΔΗΜΟΦΙΛΉΣ
ΔΙΑΣΚΈΔΑΣΗ	ΑΡΧΆΡΙΟΣ
ΆΚΡΟ	ΑΦΡΌΣ
ΠΛΉΘΗ	ΞΈΡΑ
ΔΎΝΑΜΗ	ΠΑΡΑΛΊΑ
ΚΑΙΡΌΣ	ΣΤΥΛ
ΩΚΕΑΝΌΣ	ΣΤΟΜΆΧΙ
ΚΎΜΑ	ΤΑΧΎΤΗΤΑ

51 - Imbarcazioni

```
Θ  Ω  Ν  Σ  Λ  Ί  Μ  Ν  Η  Έ  Κ  Ξ  Ω  Π
Ά  Κ  Α  Π  Χ  Ψ  Χ  Μ  Η  Χ  Α  Ν  Ή  Λ
Λ  Ε  Υ  Ο  Α  Ο  Ι  Υ  Υ  Ψ  Ν  Έ  Ρ  Ή
Α  Α  Τ  Τ  Π  Ρ  Ι  Π  Ν  Ί  Ό  Ν  Σ  Ρ
Σ  Ν  Ι  Α  Ί  Δ  Α  Ν  Ι  Δ  Δ  Ο  Ξ  Ω
Σ  Ό  Κ  Μ  Ω  Λ  Ν  Β  Ί  Χ  Έ  Τ  Ρ  Μ
Α  Σ  Ό  Ό  Γ  Σ  Η  Μ  Α  Δ  Ο  Ύ  Ρ  Α
Ξ  Ε  Σ  Σ  Γ  Ι  Ω  Η  Ά  Γ  Κ  Υ  Ρ  Α
Σ  Ω  Ψ  Ι  Ν  Δ  Ο  Ι  Κ  Ρ  Α  Σ  Κ  Γ
Ν  Α  Ύ  Τ  Η  Σ  Ω  Τ  Α  Λ  Τ  Χ  Ύ  Γ
Λ  Τ  Ί  Ο  Ω  Ψ  Ρ  Σ  Γ  Μ  Ά  Ε  Μ  Ξ
Π  Π  Α  Λ  Ί  Ρ  Ρ  Ο  Ι  Α  Ρ  Δ  Α  Τ
Π  Ο  Ρ  Θ  Μ  Ε  Ί  Ο  Ά  Σ  Τ  Ί  Τ  Τ
Σ  Δ  Ν  Ξ  Ε  Ω  Τ  Γ  Κ  Έ  Ι  Α  Α  Σ
```

ΚΑΤΆΡΤΙ	ΠΑΛΊΡΡΟΙΑ
ΆΓΚΥΡΑ	ΝΑΎΤΗΣ
ΣΗΜΑΔΟΎΡΑ	ΜΗΧΑΝΉ
ΚΑΝΌ	ΝΑΥΤΙΚΌ
ΣΧΟΙΝΊ	ΩΚΕΑΝΌΣ
ΠΛΉΡΩΜΑ	ΚΎΜΑΤΑ
ΠΟΤΑΜΌΣ	ΠΟΡΘΜΕΊΟ
ΚΑΓΙΆΚ	ΓΙΟΤ
ΛΊΜΝΗ	ΣΧΕΔΊΑ
ΘΆΛΑΣΣΑ	

52 - Api

```
Π  Ή  Λ  Ο  Υ  Λ  Ο  Ύ  Δ  Ι  Α  Ν  Ε  Β
Ο  Λ  Λ  Ι  Τ  Λ  Ν  Σ  Ο  Τ  Χ  Η  Υ  Α
Ι  Ι  Γ  Κ  Α  Π  Ν  Ί  Ζ  Ο  Υ  Ν  Ε  Σ
Κ  Ο  Π  Ο  Υ  Η  Φ  Ω  Α  Β  Κ  Ε  Ρ  Ί
Ι  Σ  Ψ  Σ  Έ  Ψ  Σ  Τ  Ρ  Ο  Φ  Ή  Γ  Λ
Λ  Η  Έ  Ύ  Ψ  Ο  Έ  Ί  Ε  Ο  Γ  Χ  Ε  Ι
Ί  Γ  Η  Σ  Δ  Τ  Ν  Λ  Ρ  Ρ  Ο  Ξ  Τ  Σ
Α  Φ  Υ  Τ  Ά  Η  Τ  Ψ  Η  Κ  Ά  Μ  Ι  Σ
Γ  Ο  Π  Η  Ν  Ρ  Ο  Ί  Ν  Ή  Φ  Έ  Κ  Α
Ε  Ρ  Β  Μ  Θ  Υ  Μ  Ι  Ν  Π  Ρ  Λ  Ή  Ψ
Ω  Ο  Ρ  Α  Ο  Τ  Ο  Ί  Τ  Ο  Ο  Ι  Ί  Η
Γ  Ύ  Ρ  Η  Σ  Ε  Ι  Ξ  Γ  Σ  Ύ  Α  Ω  Ο
Σ  Μ  Ή  Ν  Ο  Σ  Ρ  Ν  Υ  Ι  Τ  Ψ  Μ  Α
Σ  Ν  Ρ  Ε  Π  Η  Ε  Α  Υ  Τ  Ο  Τ  Ψ  Ι
```

ΦΤΕΡΆ	ΚΑΠΝΊΖΟΥΝ
ΚΥΨΈΛΗ	ΚΉΠΟΣ
ΕΥΕΡΓΕΤΙΚΉ	ΈΝΤΟΜΟ
ΚΕΡΊ	ΜΈΛΙ
ΤΡΟΦΉ	ΦΥΤΆ
ΠΟΙΚΙΛΊΑ	ΓΎΡΗ
ΟΙΚΟΣΎΣΤΗΜΑ	ΒΑΣΊΛΙΣΣΑ
ΛΟΥΛΟΎΔΙΑ	ΣΜΉΝΟΣ
ΆΝΘΟΣ	ΉΛΙΟΣ
ΦΡΟΎΤΟ	

53 - Strumenti Musicali

```
Τ  Ρ  Ο  Μ  Π  Ό  Ν  Ι  Ξ  Έ  Π  Τ  Κ  Ξ
Κ  Ν  Τ  Έ  Φ  Ι  Η  Ο  Ε  Έ  Ρ  Ρ  Λ  Β
Τ  Ι  Φ  Α  Γ  Κ  Ό  Τ  Ο  Ι  Τ  Ο  Α  Α
Δ  Ί  Θ  Υ  Π  Ί  Η  Γ  Μ  Γ  Υ  Μ  Ρ  Κ
Σ  Μ  Π  Ά  Ν  Τ  Ζ  Ο  Μ  Ί  Η  Π  Ι  Ρ
Φ  Υ  Σ  Α  Ρ  Μ  Ό  Ν  Ι  Κ  Α  Έ  Ν  Ο
Λ  Ά  Μ  Α  Β  Α  Α  Μ  Β  Έ  Μ  Ο  Τ  Έ  Ύ
Ά  Υ  Ξ  Τ  Μ  Ρ  Π  Ι  Ά  Ν  Ο  Α  Τ  Σ
Ο  Β  Ό  Η  Ύ  Ί  Ο  Ο  Ρ  Δ  Π  Υ  Ο  Η
Υ  Ξ  Φ  Δ  Ξ  Μ  Ε  Λ  Π  Ί  Ι  Σ  Τ  Ψ
Τ  Ω  Ω  Η  Η  Π  Π  Ί  Α  Τ  Ε  Μ  Β  Π
Ο  Β  Ν  Ψ  Ξ  Α  Λ  Α  Γ  Κ  Ο  Ν  Γ  Κ
Η  Γ  Ο  Β  Ι  Ο  Λ  Ο  Ν  Τ  Σ  Έ  Λ  Ο
Μ  Α  Ν  Τ  Ο  Λ  Ί  Ν  Ο  Ο  Ε  Γ  Μ  Ω
```

ΦΥΣΑΡΜΌΝΙΚΑ
ΆΡΠΑ
ΜΠΆΝΤΖΟ
ΚΙΘΆΡΑ
ΚΛΑΡΙΝΈΤΟ
ΦΑΓΚΌΤΟ
ΦΛΆΟΥΤΟ
ΓΚΟΝΓΚ
ΜΑΝΤΟΛΊΝΟ
ΜΑΡΊΜΠΑ

ΌΜΠΟΕ
ΚΡΟΎΣΗ
ΠΙΆΝΟ
ΣΑΞΌΦΩΝΟ
ΝΤΈΦΙ
ΤΎΜΠΑΝΟ
ΤΡΟΜΠΈΤΑ
ΤΡΟΜΠΌΝΙ
ΒΙΟΛΊ
ΒΙΟΛΟΝΤΣΈΛΟ

54 - Professioni #2

```
Φ Ω Τ Ο Γ Ρ Ά Φ Ο Σ Λ Δ Ψ Ε
Ν Τ Ε Τ Έ Κ Τ Ι Β Υ Τ Η Ω Ρ
Γ Λ Ω Σ Σ Ο Λ Ό Γ Ο Σ Μ Ι Ε
Α Σ Τ Ρ Ο Ν Α Ύ Τ Η Σ Ο Γ Υ
Χ Ε Φ Ε Υ Ρ Έ Τ Η Σ Ν Σ Η Ν
Μ Ε Π Δ Ά Σ Κ Α Λ Ο Σ Ι Μ Η
Η Ε Ι Κ Ο Ν Ο Γ Ρ Ά Φ Ο Σ Τ
Χ Ί Λ Ρ Ι Α Τ Ρ Ο Σ Η Γ Α Ή
Α Ω Ο Ί Ο Χ Κ Η Π Ο Υ Ρ Ό Σ
Ν Έ Τ Ί Ί Υ Ε Ν Η Ν Μ Ά Ί Α
Ι Ω Ι Β Α Γ Ρ Ο Τ Η Σ Φ Β Ψ
Κ Ω Κ Β Δ Ζ Ω Γ Ρ Ά Φ Ο Σ Η
Ό Ο Ή Γ Δ Π Π Ω Ό Τ Ψ Σ Ξ Ρ
Σ Β Ι Ο Λ Ό Γ Ο Σ Σ Ψ Η Ί Ψ
```

ΑΓΡΟΤΗΣ	ΜΗΧΑΝΙΚΌΣ
ΑΣΤΡΟΝΑΎΤΗΣ	ΔΆΣΚΑΛΟΣ
ΒΙΟΛΌΓΟΣ	ΕΦΕΥΡΈΤΗΣ
ΧΕΙΡΟΥΡΓΌΣ	ΓΛΩΣΣΟΛΌΓΟΣ
ΝΤΕΤΈΚΤΙΒ	ΙΑΤΡΟΣ
ΦΩΤΟΓΡΆΦΟΣ	ΠΙΛΟΤΙΚΉ
ΚΗΠΟΥΡΌΣ	ΖΩΓΡΆΦΟΣ
ΔΗΜΟΣΙΟΓΡΆΦΟΣ	ΕΡΕΥΝΗΤΉΣ
ΕΙΚΟΝΟΓΡΆΦΟΣ	

55 - Letteratura

Λ	Έ	Υ	Η	Ο	Κ	Η	Η	Μ	Δ	Λ	Ί	Α	Α
Μ	Ε	Τ	Α	Φ	Ο	Ρ	Ά	Ε	Ι	Β	Λ	Ν	Ν
Α	Ν	Ά	Λ	Υ	Σ	Η	Ι	Ι	Ρ	Ω	Μ	Έ	Α
Γ	Έ	Ί	Σ	Π	Ο	Ι	Η	Τ	Ι	Κ	Ή	Κ	Λ
Θ	Έ	Μ	Α	Υ	Ρ	Ω	Ο	Α	Ι	Χ	Δ	Δ	Ο
Χ	Π	Ε	Ρ	Ι	Γ	Ρ	Α	Φ	Ή	Κ	Δ	Ο	Γ
Π	Ο	Ί	Η	Μ	Α	Γ	Υ	Ρ	Τ	Ε	Ή	Τ	Ί
Μ	Υ	Θ	Ι	Σ	Τ	Ό	Ρ	Η	Μ	Α	Ί	Ο	Α
Σ	Ύ	Γ	Κ	Ρ	Ι	Σ	Η	Α	Ε	Ί	Δ	Ο	Σ
Β	Ι	Ο	Γ	Ρ	Α	Φ	Ί	Α	Φ	Ψ	Έ	Η	Γ
Σ	Υ	Μ	Π	Έ	Ρ	Α	Σ	Μ	Α	Έ	Ο	Η	Ν
Ρ	Υ	Θ	Μ	Ο	Ύ	Ί	Τ	Σ	Ν	Β	Α	Η	Ώ
Σ	Ι	Μ	Ο	Π	Π	Λ	Υ	Ξ	Ρ	Ε	Σ	Σ	Μ
Υ	Έ	Ο	Γ	Δ	Ι	Ά	Λ	Ο	Γ	Ο	Σ	Ο	Η

ΑΝΆΛΥΣΗ
ΑΝΑΛΟΓΊΑ
ΑΝΈΚΔΟΤΟ
ΣΥΓΓΡΑΦΈΑΣ
ΒΙΟΓΡΑΦΊΑ
ΣΥΜΠΈΡΑΣΜΑ
ΣΎΓΚΡΙΣΗ
ΚΡΙΤΙΚΉ
ΠΕΡΙΓΡΑΦΉ
ΔΙΆΛΟΓΟΣ

ΕΊΔΟΣ
ΜΕΤΑΦΟΡΆ
ΓΝΏΜΗ
ΠΟΊΗΜΑ
ΠΟΙΗΤΙΚΉ
ΡΥΘΜΟΎ
ΜΥΘΙΣΤΌΡΗΜΑ
ΣΤΥΛ
ΘΈΜΑ

56 - Cibo #2

```
Τ  Ζ  Σ  Έ  Λ  Ι  Ν  Ο  Ι  Ι  Ν  Ε  Κ  Ψ
Ρ  Υ  Α  Υ  Σ  Μ  Π  Ρ  Ό  Κ  Ο  Λ  Ο  Ά
Μ  Σ  Ρ  Μ  Λ  Έ  Η  Ύ  Ν  Α  Λ  Λ  Τ  Ρ
Σ  Ή  Β  Ί  Π  Έ  Ί  Ζ  Λ  Η  Ψ  Ρ  Ό  Ι
Τ  Γ  Λ  Β  Ω  Ό  Έ  Ι  Ρ  Ι  Ί  Ξ  Π  Ν
Α  Ι  Ω  Ο  Π  Μ  Ν  Έ  Ξ  Η  Π  Σ  Ο  Τ
Φ  Α  Μ  Ρ  Κ  Ε  Ρ  Ά  Σ  Ι  Μ  Ο  Υ  Ο
Ύ  Ο  Α  Υ  Γ  Ό  Σ  Έ  Ξ  Β  Ψ  Κ  Λ  Μ
Λ  Ύ  Ν  Α  Κ  Τ  Ι  Ν  Ί  Δ  Ι  Ο  Ο  Ά
Ι  Ρ  Ι  Β  Β  Ψ  Τ  Π  Ο  Σ  Ν  Λ  Ί  Τ
Ε  Τ  Τ  Ψ  Ο  Δ  Ά  Μ  Π  Α  Ν  Ά  Ν  Α
Ψ  Ι  Ά  Ω  Ρ  Τ  Ρ  Ί  Ν  Χ  Δ  Τ  Ε  Γ
Τ  Ξ  Ρ  Μ  Ε  Λ  Ι  Τ  Ζ  Ά  Ν  Α  Ν  Ξ
Ο  Τ  Ι  Ί  Χ  Γ  Ε  Γ  Έ  Ω  Ί  Δ  Ε  Δ
```

ΜΠΑΝΆΝΑ	ΨΩΜΊ
ΜΠΡΌΚΟΛΟ	ΨΆΡΙ
ΚΕΡΆΣΙ	ΚΟΤΌΠΟΥΛΟ
ΣΟΚΟΛΆΤΑ	ΝΤΟΜΆΤΑ
ΤΥΡΊ	ΖΑΜΠΌΝ
ΜΑΝΙΤΆΡΙ	ΡΎΖΙ
ΣΙΤΆΡΙ	ΣΈΛΙΝΟ
ΑΚΤΙΝΊΔΙΟ	ΑΥΓΌ
ΜΉΛΟ	ΣΤΑΦΎΛΙ
ΜΕΛΙΤΖΆΝΑ	ΓΙΑΟΎΡΤΙ

57 - Nutrizione

```
Θ  Δ  Π  Υ  Ι  Π  Π  Μ  Ζ  Έ  Γ  Θ  Γ  Λ
Ρ  Β  Ρ  Ι  Ω  Υ  Ξ  Π  Ύ  Γ  Υ  Ε  Ξ  Γ
Ε  Ι  Ω  Ι  Κ  Β  Χ  Α  Μ  Μ  Η  Ρ  Ω  Π
Π  Τ  Τ  Σ  Ι  Ρ  Ω  Χ  Ω  Ε  Έ  Μ  Α  Τ
Τ  Α  Ε  Ο  Ω  Ώ  Ή  Α  Σ  Υ  Γ  Ι  Ή  Π
Ι  Μ  Ϊ  Ρ  Υ  Σ  Ξ  Ρ  Η  Α  Γ  Δ  Σ  Ρ
Κ  Ί  Ν  Ρ  Γ  Ι  Ρ  Ι  Μ  Γ  Χ  Ε  Ε  Χ
Ή  Ν  Ε  Ο  Ρ  Μ  Χ  Κ  Χ  Τ  Ε  Σ  Ί  Έ
Γ  Η  Σ  Π  Ά  Α  Ε  Ό  Ρ  Ε  Ξ  Η  Σ  Α
Π  Έ  Ψ  Η  Δ  Ι  Α  Τ  Ρ  Ο  Φ  Ή  Ά  Ψ
Μ  Γ  Ω  Μ  Ζ  Υ  Γ  Ί  Ζ  Ω  Η  Ι  Λ  Τ
Σ  Α  Ψ  Έ  Υ  Υ  Π  Ο  Ι  Ό  Τ  Η  Τ  Α
Ε  Η  Ο  Ν  Ε  Ρ  Ξ  Έ  Ο  Γ  Ε  Ύ  Σ  Η
Έ  Π  Ν  Η  Τ  Ο  Ξ  Ί  Ν  Η  Η  Ν  Υ  Α  Σ
```

ΠΙΚΡΉ	ΘΡΕΠΤΙΚΉ
ΌΡΕΞΗ	ΖΥΓΊΖΩ
ΙΣΟΡΡΟΠΗΜΈΝΗ	ΠΡΩΤΕΪΝΕΣ
ΘΕΡΜΙΔΕΣ	ΠΟΙΌΤΗΤΑ
ΒΡΏΣΙΜΑ	ΣΆΛΤΣΑ
ΔΙΑΤΡΟΦΉ	ΥΓΕΊΑ
ΠΈΨΗ	ΥΓΙΉ
ΖΎΜΩΣΗ	ΜΠΑΧΑΡΙΚΌ
ΓΕΎΣΗ	ΤΟΞΊΝΗ
ΥΓΡΆ	ΒΙΤΑΜΊΝΗ

58 - Matematica

Τ	Β	Ξ	Ω	Ν	Π	Χ	Τ	Μ	Ε	Ο	Ά	Λ	Σ
Ρ	Δ	Ι	Ά	Μ	Ε	Τ	Ρ	Ο	Σ	Ρ	Θ	Δ	Υ
Ι	Δ	Ι	Α	Ί	Ρ	Ε	Σ	Η	Ε	Θ	Ρ	Ε	Μ
Γ	Ω	Ν	Ί	Α	Ί	Μ	Α	Έ	Κ	Ο	Ο	Κ	Μ
Ώ	Ε	Ω	Π	Έ	Μ	Ί	Κ	Ν	Θ	Γ	Ι	Α	Ε
Ν	Ξ	Έ	Ο	Ρ	Ε	Σ	Τ	Τ	Έ	Ώ	Σ	Δ	Τ
Ο	Ί	Π	Λ	Α	Τ	Ε	Ί	Α	Τ	Ν	Μ	Ι	Ρ
Υ	Σ	Σ	Ύ	Β	Ρ	Ε	Ν	Σ	Η	Ι	Α	Κ	Ί
Γ	Ω	Ν	Γ	Α	Ο	Υ	Α	Η	Μ	Ο	Λ	Ό	Α
Ν	Σ	Ο	Ω	Τ	Ί	Ε	Κ	Λ	Ά	Σ	Μ	Α	Χ
Έ	Η	Χ	Ν	Α	Ρ	Ι	Θ	Μ	Η	Τ	Ι	Κ	Ή
Ω	Δ	Ψ	Ο	Ν	Π	Α	Ρ	Ά	Λ	Λ	Η	Λ	Η
Π	Ε	Ρ	Ι	Φ	Έ	Ρ	Ε	Ι	Α	Β	Γ	Η	Λ
Τ	Γ	Ε	Ω	Μ	Ε	Τ	Ρ	Ί	Α	Έ	Ξ	Α	Β

ΓΩΝΊΑ
ΑΡΙΘΜΗΤΙΚΉ
ΠΕΡΙΦΈΡΕΙΑ
ΔΕΚΑΔΙΚΌ
ΔΙΆΜΕΤΡΟΣ
ΔΙΑΊΡΕΣΗ
ΕΞΊΣΩΣΗ
ΕΚΘΈΤΗ
ΚΛΆΣΜΑ
ΓΕΩΜΕΤΡΊΑ

ΠΑΡΆΛΛΗΛΗ
ΠΕΡΊΜΕΤΡΟ
ΠΟΛΎΓΩΝΟ
ΠΛΑΤΕΊΑ
ΑΚΤΊΝΑ
ΟΡΘΟΓΏΝΙΟ
ΣΥΜΜΕΤΡΊΑ
ΆΘΡΟΙΣΜΑ
ΤΡΙΓΏΝΟΥ
ΈΝΤΑΣΗ

59 - Vacanza #1

```
Τ  Ρ  Τ  Α  Ε  Ρ  Ο  Π  Λ  Ά  Ν  Ο  Α  Ι
Ε  Ο  Α  Ω  Α  Κ  Γ  Έ  Ί  Υ  Μ  Χ  Ν  Ξ
Λ  Σ  Υ  Δ  Τ  Α  Δ  Δ  Έ  Β  Υ  Α  Α  Ν
Ω  Α  Τ  Ρ  Χ  Ε  Έ  Ρ  Η  Λ  Ί  Λ  Χ  Β
Ν  Κ  Ο  Ο  Ι  Ι  Έ  Λ  Ο  Ί  Ψ  Ά  Ώ  Α
Ε  Ί  Κ  Μ  Δ  Σ  Π  Ν  Έ  Μ  Ν  Ρ  Ρ  Λ
Ί  Δ  Ί  Ο  Μ  Λ  Τ  Ν  Ί  Ν  Ή  Ω  Η  Ί
Ο  Ι  Ν  Λ  Μ  Ε  Έ  Α  Ί  Η  Ί  Σ  Σ  Τ
Σ  Ο  Η  Ό  Τ  Ο  Ρ  Υ  Σ  Δ  Τ  Η  Η  Σ
Ν  Γ  Τ  Γ  Η  Σ  Υ  Ν  Ό  Μ  Ι  Σ  Μ  Α
Ρ  Υ  Ο  Ι  Λ  Ε  Ι  Σ  Ι  Τ  Ή  Ρ  Ι  Ο
Ι  Η  Έ  Ο  Τ  Ρ  Α  Μ  Ε  Ε  Ω  Σ  Τ  Ψ
Ο  Μ  Π  Ρ  Έ  Λ  Α  Υ  Μ  Ί  Π  Ε  Ε  Έ
Η  Ο  Α  Ρ  Ω  Ψ  Ξ  Μ  Ο  Τ  Ο  Λ  Η  Χ
```

ΑΕΡΟΠΛΆΝΟ
ΑΥΤΟΚΊΝΗΤΟ
ΕΙΣΙΤΉΡΙΟ
ΤΕΛΩΝΕΊΟ
ΔΡΟΜΟΛΌΓΙΟ
ΛΊΜΝΗ
ΜΟΥΣΕΊΟ
ΟΜΠΡΈΛΑ

ΑΝΑΧΏΡΗΣΗ
ΧΑΛΆΡΩΣΗ
ΕΚΔΡΟΜΉ
ΤΡΑΜ
ΤΟΥΡΊΣΤΑΣ
ΒΑΛΊΤΣΑ
ΝΌΜΙΣΜΑ
ΣΑΚΊΔΙΟ

60 - Bagno

Ο	Ψ	Α	Λ	Ί	Δ	Ι	Α	Ν	Π	Ω	Β	Σ	Φ
Μ	Δ	Ν	Ο	Ά	Η	Γ	Ο	Δ	Σ	Ί	Χ	Ψ	Υ
Ω	Ω	Δ	Σ	Ρ	Π	Ε	Τ	Σ	Έ	Τ	Α	Υ	Σ
Τ	Ο	Ο	Ι	Ω	Ί	Έ	Έ	Ο	Έ	Σ	Λ	Μ	Α
Σ	Ο	Ε	Ό	Μ	Π	Ά	Ν	Ι	Ο	Η	Ί	Ξ	Λ
Σ	Φ	Υ	Ν	Α	Ν	Τ	Ω	Υ	Ν	Ε	Ρ	Ό	Ί
Α	Α	Ο	Α	Ρ	Ρ	Σ	Σ	Ί	Τ	Ξ	Π	Ψ	Δ
Π	Ρ	Τ	Υ	Λ	Σ	Α	Μ	Π	Ο	Υ	Ά	Ν	Α
Ο	Τ	Έ	Μ	Γ	Έ	Χ	Έ	Ν	Υ	Γ	Ψ	Β	Ω
Ύ	Δ	Ω	Ε	Ο	Γ	Τ	Ψ	Β	Σ	Σ	Ω	Ρ	Ι
Ν	Σ	Χ	Λ	Δ	Ύ	Ά	Α	Β	Τ	Υ	Σ	Ύ	Ξ
Ι	Ί	Λ	Υ	Κ	Α	Θ	Ρ	Ε	Φ	Τ	Η	Σ	Έ
Α	Ί	Τ	Ω	Υ	Χ	Υ	Τ	Ι	Μ	Ξ	Ρ	Η	Γ
Ξ	Π	Η	Γ	Δ	Ε	Ξ	Τ	Λ	Ε	Ι	Ε	Ί	Γ

NEPΌ   ΆΡΩΜΑ
ΠΕΤΣΈΤΑ   ΒΡΎΣΗ
ΜΠΆΝΙΟ   ΣΑΠΟΎΝΙ
ΦΥΣΑΛΊΔΑ   ΣΑΜΠΟΥΆΝ
ΝΤΟΥΣ   ΚΑΘΡΕΦΤΗΣ
ΨΑΛΊΔΙ   ΣΦΟΥΓΓΆΡΙ
ΤΟΥΑΛΈΤΑ   ΧΑΛΊ
ΛΟΣΙΌΝ   ΑΤΜΟΎ

61 - Meditazione

```
Κ  Ί  Ν  Η  Σ  Η  Τ  Ε  Μ  Γ  Φ  Ύ  Σ  Η
Α  Ν  Α  Π  Ν  Ο  Ή  Χ  Ο  Ι  Τ  Ι  Γ  Υ
Λ  Η  Σ  Υ  Μ  Π  Ό  Ν  Ι  Α  Μ  Η  Χ  Μ
Ο  Ν  Α  Π  Ο  Δ  Ο  Χ  Ή  Δ  Μ  Δ  Π  Ψ
Σ  Ι  Π  Ε  Υ  Γ  Ν  Ω  Μ  Ο  Σ  Ύ  Ν  Η
Ύ  Σ  Τ  Ν  Σ  Κ  Έ  Ψ  Η  Ψ  Τ  Τ  Π  Ρ
Ν  Π  Α  Ι  Ι  Α  Ξ  Ι  Έ  Υ  Ά  Ν  Ρ  Ε
Η  Μ  Ρ  Φ  Κ  Λ  Μ  Λ  Ί  Χ  Σ  Ι  Ο  Μ
Υ  Γ  Υ  Ο  Ή  Χ  Ρ  Β  Λ  Ι  Η  Ί  Ο  Ί
Μ  Ρ  Χ  Α  Σ  Ν  Γ  Β  Α  Κ  Σ  Ν  Π  Α
Τ  Π  Ν  Τ  Λ  Ο  Ε  Ι  Ρ  Ή  Ν  Η  Τ  Ω
Η  Τ  Π  Ω  Ρ  Ό  Χ  Ι  Μ  Τ  Ω  Έ  Ι  Γ
Λ  Ψ  Ο  Α  Τ  Έ  Π  Ή  Α  Μ  Σ  Ν  Κ  Χ
Π  Α  Ρ  Α  Τ  Ή  Ρ  Η  Σ  Η  Έ  Π  Ή  Β
```

ΑΠΟΔΟΧΉ
ΠΡΟΣΟΧΉ
ΗΡΕΜΊΑ
ΣΑΦΉΝΕΙΑ
ΣΥΜΠΌΝΙΑ
ΚΑΛΟΣΎΝΗ
ΕΥΓΝΩΜΟΣΎΝΗ
ΨΥΧΙΚΉ
ΜΥΑΛΌ

ΚΊΝΗΣΗ
ΜΟΥΣΙΚΉ
ΦΎΣΗ
ΠΑΡΑΤΉΡΗΣΗ
ΕΙΡΉΝΗ
ΣΚΈΨΗ
ΣΤΆΣΗ
ΠΡΟΟΠΤΙΚΉ
ΑΝΑΠΝΟΉ

62 - Estate

Ο	Β	Ι	Έ	Γ	Χ	Ν	Τ	Κ	Ο	Έ	Υ	Ι	Λ
Γ	Ι	Λ	Ύ	Δ	Τ	Α	Ι	Ί	Ή	Ι	Χ	Ω	Α
Τ	Ί	Κ	Ί	Μ	Π	Π	Ρ	Χ	Σ	Π	Ί	Τ	Ι
Ν	Β	Έ	Ο	Λ	Ί	Α	Ο	Ά	Ε	Τ	Ο	Τ	Γ
Τ	Ι	Έ	Τ	Γ	Δ	Ι	Α	Κ	Ο	Π	Έ	Σ	Ε
Ρ	Β	Α	Α	Έ	Έ	Χ	Π	Α	Ρ	Α	Λ	Ί	Α
Ο	Λ	Ν	Ξ	Β	Π	Ν	Μ	Ο	Υ	Σ	Ι	Κ	Ή
Φ	Ι	Α	Ί	Η	Μ	Ί	Ε	Μ	Π	Τ	Β	Ά	Β
Ή	Α	Ψ	Δ	Ω	Λ	Δ	Ι	Ι	Α	Έ	Ξ	Μ	Τ
Ξ	Ν	Υ	Ι	Α	Α	Ι	Ψ	Α	Α	Ρ	Υ	Π	Φ
Ξ	Π	Χ	Θ	Ά	Λ	Α	Σ	Σ	Α	Ι	Ξ	Ι	Ί
Π	Σ	Ή	Λ	Μ	Β	Έ	Ί	Ν	Τ	Α	Ν	Ν	Λ
Χ	Α	Λ	Ά	Ρ	Ω	Σ	Η	Α	Β	Έ	Λ	Γ	Ο
Σ	Α	Ν	Δ	Ά	Λ	Ι	Α	Μ	Μ	Ψ	Έ	Κ	Ι

ΦΊΛΟΙ
ΚΆΜΠΙΝΓΚ
ΣΠΊΤΙ
ΤΡΟΦΉ
ΟΙΚΟΓΈΝΕΙΑ
ΚΉΠΟΣ
ΠΑΙΧΝΊΔΙΑ
ΧΑΡΆ
ΒΙΒΛΙΑ

ΘΆΛΑΣΣΑ
ΜΟΥΣΙΚΉ
ΧΑΛΆΡΩΣΗ
ΣΑΝΔΆΛΙΑ
ΠΑΡΑΛΊΑ
ΑΣΤΈΡΙΑ
ΑΝΑΨΥΧΉ
ΔΙΑΚΟΠΈΣ
ΤΑΞΊΔΙ

63 - Escursionismo

Ι	Ψ	Ν	Χ	Ά	Ρ	Τ	Η	Χ	Β	Ή	Ω	Ε	Ξ
Α	Ζ	Ε	Β	Ο	Υ	Ν	Ό	Ρ	Ρ	Λ	Α	Τ	Γ
Π	Ώ	Ρ	Ο	Δ	Η	Γ	Ό	Ί	Ά	Ι	Ω	Λ	Α
Κ	Α	Ό	Ψ	Δ	Π	Ρ	Ο	Έ	Χ	Ο	Χ	Η	Β
Ο	Α	Ρ	Ω	Ο	Σ	Ά	Α	Γ	Ο	Σ	Τ	Ξ	Π
Υ	Γ	Ι	Α	Ψ	Ο	Λ	Ρ	Κ	Ο	Ρ	Υ	Φ	Ή
Ρ	Β	Σ	Ρ	Σ	Ι	Ε	Γ	Κ	Ι	Κ	Ξ	Ύ	Δ
Α	Τ	Ν	Μ	Ό	Κ	Λ	Ί	Μ	Α	Ά	Λ	Σ	Ω
Σ	Ψ	Χ	Π	Μ	Σ	Ε	Β	Α	Ά	Μ	Β	Η	Μ
Μ	Ω	Α	Ό	Ί	Ψ	Δ	Υ	Έ	Γ	Π	Ν	Ν	Λ
Έ	Π	Έ	Τ	Ρ	Α	Σ	Ψ	Ή	Ρ	Ι	Ί	Ψ	Μ
Ν	Δ	Β	Ε	Β	Α	Ρ	Ι	Ά	Ι	Ν	Ο	Ί	Ε
Ο	Α	Β	Σ	Ί	Η	Μ	Β	Ψ	Ο	Γ	Σ	Μ	Έ
Σ	Κ	Ο	Υ	Ν	Ο	Ύ	Π	Ι	Α	Κ	Λ	Μ	Ι

ΝΕΡΌ	ΒΑΡΙΆ
ΖΏΑ	ΠΈΤΡΑ
ΚΆΜΠΙΝΓΚ	ΠΑΡΑΣΚΕΥΉ
ΚΛΊΜΑ	ΒΡΆΧΟ
ΟΔΗΓΟΊ	ΆΓΡΙΟ
ΧΆΡΤΗ	ΉΛΙΟΣ
ΚΑΙΡΌΣ	ΚΟΥΡΑΣΜΈΝΟΣ
ΒΟΥΝΌ	ΜΠΌΤΕΣ
ΦΎΣΗ	ΚΟΡΥΦΉ
ΠΆΡΚΑ	ΚΟΥΝΟΎΠΙΑ

64 - Professioni #1

```
Ε  Π  Μ  Γ  Ν  Π  Χ  Σ  Ν  Γ  Π  Ω  Δ  Ε
Π  Ρ  Ο  Ε  Ο  Ι  Α  Ί  Α  Τ  Ρ  Ξ  Ι  Π
Ε  Έ  Υ  Ω  Σ  Α  Ρ  Υ  Ύ  Ψ  Ο  Έ  Κ  Ι
Ξ  Σ  Σ  Λ  Ο  Ν  Τ  Δ  Τ  Μ  Π  Δ  Η  Σ
Ε  Β  Ι  Ό  Κ  Ί  Ο  Ρ  Η  Ί  Ο  Ω  Γ  Τ
Ρ  Η  Κ  Γ  Ό  Σ  Γ  Α  Σ  Κ  Ν  Ψ  Ό  Ή
Γ  Σ  Ό  Ο  Μ  Τ  Ρ  Υ  Ε  Υ  Η  Υ  Ρ  Μ
Α  Ί  Σ  Σ  Α  Α  Ά  Λ  Χ  Ν  Τ  Χ  Ο  Ο
Σ  Δ  Ε  Τ  Α  Σ  Φ  Ι  Ω  Η  Ή  Ο  Σ  Ν
Ί  Ψ  Η  Λ  Ξ  Σ  Ο  Κ  Ρ  Γ  Σ  Λ  Ε  Α
Α  Χ  Έ  Ω  Τ  Ξ  Σ  Ό  Η  Ό  Σ  Ό  Ω  Σ
Χ  Ο  Ρ  Ε  Υ  Τ  Ή  Σ  Λ  Σ  Ο  Γ  Ο  Τ
Α  Σ  Τ  Ρ  Ο  Ν  Ό  Μ  Ο  Σ  Ρ  Ο  Ι  Ρ
Σ  Κ  Α  Λ  Λ  Ι  Τ  Έ  Χ  Ν  Η  Σ  Α  Ί
```

ΠΡΟΠΟΝΗΤΉΣ
ΠΡΈΣΒΗΣ
ΚΑΛΛΙΤΈΧΝΗΣ
ΑΣΤΡΟΝΌΜΟΣ
ΔΙΚΗΓΌΡΟΣ
ΧΟΡΕΥΤΉΣ
ΚΥΝΗΓΌΣ
ΧΑΡΤΟΓΡΆΦΟΣ
ΕΠΕΞΕΡΓΑΣΊΑ

ΓΕΩΛΌΓΟΣ
ΥΔΡΑΥΛΙΚΌΣ
ΝΟΣΟΚΌΜΑ
ΝΑΎΤΗΣ
ΜΟΥΣΙΚΌΣ
ΠΙΑΝΊΣΤΑΣ
ΨΥΧΟΛΌΓΟΣ
ΕΠΙΣΤΉΜΟΝΑΣ

65 - Antartide

```
Δ  Μ  Π  Υ  Κ  Ρ  Δ  Ι  Α  Η  Χ  Ρ  Α  Γ
Ν  Ι  Ε  Τ  Ε  Ό  Γ  Σ  Έ  Ί  Ε  Β  Ψ  Ε
Π  Ε  Α  Τ  Ρ  Ω  Λ  Ί  Ι  Α  Ρ  Έ  Π  Ω
Ε  Κ  Ή  Τ  Α  Ί  Τ  Π  Ν  Η  Σ  Ι  Ά  Γ
Ρ  Δ  Π  Γ  Ή  Ν  Έ  Η  Ο  Ε  Ό  Σ  Γ  Ρ
Ι  Ρ  Ε  Π  Ι  Ρ  Ά  Σ  Η  Ξ  Ν  Τ  Ο  Α
Β  Ο  Ι  Χ  Χ  Δ  Η  Σ  Ο  Ε  Η  Ί  Σ  Φ
Ά  Μ  Ρ  Ε  Β  Β  Ι  Σ  Τ  Ρ  Σ  Τ  Τ  Ί
Λ  Ή  Ο  Β  Χ  Σ  Ρ  Μ  Η  Ε  Ο  Έ  Σ  Α
Λ  Υ  Σ  Ύ  Ν  Ν  Ε  Φ  Α  Ύ  Υ  Α  Ρ  Χ
Ο  Ρ  Υ  Κ  Τ  Ά  Η  Ι  Ρ  Ν  Ο  Σ  Ν  Έ
Ν  Ε  Ρ  Ό  Ω  Δ  Ξ  Π  Τ  Η  Ξ  Σ  Η  Δ
Ε  Θ  Ε  Ρ  Μ  Ο  Κ  Ρ  Α  Σ  Ί  Α  Σ  Π
Ν  Α  Ί  Υ  Ε  Ρ  Ε  Υ  Ν  Η  Τ  Ή  Σ  Ο
```

NEPΌ
ΠΕΡΙΒΆΛΛΟΝ
ΚΌΛΠΟ
ΔΙΑΤΉΡΗΣΗ
ΉΠΕΙΡΟΣ
ΕΞΕΡΕΎΝΗΣΗ
ΓΕΩΓΡΑΦΊΑ
ΠΆΓΟΣ

ΝΗΣΙΆ
ΜΕΤΑΝΆΣΤΕΥΣΗ
ΟΡΥΚΤΆ
ΣΎΝΝΕΦΑ
ΧΕΡΣΌΝΗΣΟ
ΕΡΕΥΝΗΤΉΣ
ΕΚΔΡΟΜΉ
ΘΕΡΜΟΚΡΑΣΊΑ

66 - Libri

Ε	Π	Ι	Κ	Ή	Δ	Ι	Ι	Ψ	Ν	Ε	Ξ	Π	Γ
Σ	Χ	Ε	Τ	Ι	Κ	Ή	Σ	Σ	Ί	Φ	Ν	Ο	Ρ
Ι	Π	Λ	Α	Ί	Σ	Ι	Ο	Τ	Δ	Ε	Ρ	Ί	Α
Υ	Σ	Υ	Λ	Λ	Ο	Γ	Ή	Ί	Ο	Υ	Σ	Η	Π
Μ	Ε	Τ	Γ	Τ	Έ	Ί	Ο	Β	Σ	Ρ	Ε	Σ	Τ
Ψ	Λ	Ί	Ο	Ξ	Ρ	Π	Ε	Β	Ε	Ε	Ί	Η	Ή
Έ	Ί	Τ	Υ	Ρ	Ψ	Α	Γ	Β	Ι	Τ	Ω	Α	Δ
Χ	Δ	Ε	Δ	Σ	Ι	Σ	Γ	Μ	Ρ	Ι	Τ	Ψ	Υ
Σ	Α	Α	Ψ	Λ	Ψ	Κ	Ρ	Ι	Ά	Κ	Η	Ι	Ί
Η	Ξ	Η	Ι	Π	Π	Λ	Ό	Μ	Κ	Ή	Μ	Ε	Χ
Α	Ν	Α	Γ	Ν	Ώ	Σ	Τ	Η	Σ	Ή	Η	Β	Τ
Ί	Α	Χ	Δ	Υ	Α	Δ	Ι	Κ	Ό	Τ	Η	Τ	Α
Ξ	Έ	Ε	Γ	Α	Φ	Η	Γ	Η	Τ	Ή	Σ	Η	Μ
Λ	Ο	Γ	Ο	Τ	Ε	Χ	Ν	Ι	Κ	Ή	Δ	Λ	Ψ

ΣΥΛΛΟΓΉ
ΠΛΑΊΣΙΟ
ΔΥΑΔΙΚΌΤΗΤΑ
ΕΠΙΚΉ
ΕΦΕΥΡΕΤΙΚΉ
ΛΟΓΟΤΕΧΝΙΚΉ
ΑΝΑΓΝΏΣΤΗΣ
ΑΦΗΓΗΤΉΣ

ΣΕΛΊΔΑ
ΠΟΊΗΣΗ
ΣΧΕΤΙΚΉ
ΓΡΑΠΤΉ
ΣΕΙΡΆ
ΙΣΤΟΡΊΑ
ΙΣΤΟΡΙΚΌ
ΤΡΑΓΙΚΉ

67 - Geografia

Χ	Μ	Β	Ω	Π	Ε	Ρ	Ι	Ο	Χ	Ή	Α	Ρ	Ψ
Ά	Ν	Ο	Τ	Κ	Έ	Δ	Α	Φ	Ο	Σ	Ε	Ξ	Ω
Ρ	Ό	Υ	Ο	Γ	Ε	Ω	Γ	Ρ	Α	Φ	Ι	Κ	Ό
Τ	Τ	Ν	Θ	Ά	Λ	Α	Σ	Σ	Α	Χ	Ε	Έ	Ο
Η	Ι	Ό	Ά	Τ	Λ	Α	Ν	Τ	Α	Ι	Ώ	Ρ	Ι
Ξ	Α	Η	Ε	Ρ	Γ	Υ	Ψ	Ό	Μ	Ε	Τ	Ρ	Ο
Ο	Κ	Ό	Σ	Μ	Ο	Ι	Δ	Ω	Σ	Ρ	Ε	Λ	Α
Π	Ν	Ε	Ν	Ε	Ι	Γ	Ύ	Μ	Ι	Ε	Μ	Ω	Ξ
Ο	Η	Ο	Ι	Η	Μ	Ι	Σ	Φ	Α	Ί	Ρ	Ι	Ο
Τ	Σ	Ω	Ι	Ψ	Ι	Β	Η	Ο	Ξ	Ψ	Ι	Ο	Υ
Α	Ί	Τ	Λ	Β	Ο	Ο	Ή	Π	Ε	Ι	Ρ	Ο	Σ
Μ	Ε	Σ	Η	Μ	Β	Ρ	Ι	Ν	Ό	Β	Ξ	Δ	Α
Ό	Δ	Τ	Ι	Ω	Γ	Ρ	Γ	Μ	Ρ	Λ	Ε	Ι	Υ
Σ	Ί	Ι	Ω	Χ	Τ	Ά	Ρ	Τ	Έ	Ω	Η	Π	Σ

ΥΨΌΜΕΤΡΟ	ΜΕΣΗΜΒΡΙΝΌ
ΆΤΛΑΝΤΑ	ΚΌΣΜΟ
ΠΌΛΗ	ΒΟΥΝΌ
ΉΠΕΙΡΟΣ	ΒΟΡΡΆ
ΗΜΙΣΦΑΊΡΙΟ	ΩΚΕΑΝΌΣ
ΠΟΤΑΜΌΣ	ΔΎΣΗ
ΝΗΣΊ	ΧΏΡΑ
ΓΕΩΓΡΑΦΙΚΌ	ΠΕΡΙΟΧΉ
ΧΆΡΤΗ	ΝΌΤΙΑ
ΘΆΛΑΣΣΑ	ΈΔΑΦΟΣ

68 - Cibo #1

```
Κ Α Ν Έ Λ Α Σ Ρ Γ Ί Ε Β Α Υ
Ρ Α Η Ξ Η Σ Π Α Ν Ά Κ Ι Ε Δ
Έ Σ Ρ Ο Τ Ρ Έ Π Ψ Σ Λ Π Β Μ
Α Κ Χ Ό Γ Ε Έ Ρ Ζ Ά Χ Α Ρ Η
Σ Ό Υ Α Τ Β Α Σ Ι Λ Ι Κ Ο Ύ
Σ Ρ Μ Χ Α Ο Ξ Μ Η Ρ Π Ρ Ι Γ
Α Δ Ό Λ Κ Ρ Ε Μ Μ Ύ Δ Ι Π Η
Λ Ο Σ Ά Ι Χ Α Π Η Α Φ Θ Ο Τ
Ά Η Ι Δ Ω Η Ω Η Ψ Ο Ρ Ά Ρ Π
Τ Τ Ε Ι Έ Β Σ Χ Γ Ω Ά Ρ Λ Λ
Α Ί Ό Γ Ο Γ Γ Ύ Λ Ι Ο Ι Τ Σ
Ψ Α Υ Ν Λ Ε Μ Ό Ν Ι Υ Έ Ε Ί
Κ Έ Ι Κ Ο Ο Υ Σ Ν Α Λ Ά Τ Ι
Ψ Η Η Ε Ρ Σ Μ Έ Ν Τ Α Έ Ξ Ρ
```

ΣΚΌΡΔΟ	ΜΈΝΤΑ
ΒΑΣΙΛΙΚΟΎ	ΚΡΙΘΆΡΙ
ΚΑΝΈΛΑ	ΑΧΛΆΔΙ
ΚΡΈΑΣ	ΓΟΓΓΎΛΙ
ΚΑΡΌΤΟ	ΑΛΆΤΙ
ΚΡΕΜΜΎΔΙ	ΣΠΑΝΆΚΙ
ΦΡΆΟΥΛΑ	ΧΥΜΌΣ
ΣΑΛΆΤΑ	ΤΌΝΟΣ
ΓΆΛΑ	ΚΈΙΚ
ΛΕΜΌΝΙ	ΖΆΧΑΡΗ

69 - Aeroplani

K	K	K	A	T	E	Ύ	Θ	Y	N	Σ	H	Δ	E
A	A	A	O	Y	P	A	N	Ό	Σ	A	I	Ξ	N
Y	T	T	Ύ	Y	Ψ	A	Γ	Λ	A	Ψ	O	Y	M
Δ	A	M	A	Σ	E	T	Σ	Σ	Έ	Γ	H	Ψ	Π
P	Γ	E	Ό	Σ	I	Σ	T	O	P	Ί	A	Ό	A
O	Ω	Ξ	N	Σ	K	M	H	X	A	N	Ή	M	Λ
Γ	Γ	Ψ	I	Ί	Φ	E	O	Δ	Σ	Δ	N	E	Ό
Ό	Ή	O	X	Ί	I	A	Y	Ψ	O	Σ	N	T	N
N	Δ	N	O	Δ	Έ	Π	I	Ή	M	H	I	P	I
O	Έ	B	Y	A	Π	Λ	Ή	P	Ω	M	A	O	N
Π	E	P	I	Π	Έ	T	E	I	A	M	O	Ψ	Π
Σ	X	Έ	Δ	I	O	E	Π	I	B	Ά	T	H	M
Π	I	Λ	O	T	I	K	Ή	Ξ	M	I	B	Ψ	Έ
Π	P	O	Σ	Γ	E	Ί	Ω	Σ	H	B	Ξ	N	Π

ΥΨΟΣ
ΥΨΟΜΕΤΡΟ
ΑΈΡΑΣ
ΑΤΜΌΣΦΑΙΡΑ
ΠΡΟΣΓΕΊΩΣΗ
ΠΕΡΙΠΈΤΕΙΑ
ΚΑΎΣΙΜΟ
ΟΥΡΑΝΌΣ
ΚΑΤΑΣΚΕΥΉ
ΣΧΈΔΙΟ

ΚΑΤΕΎΘΥΝΣΗ
ΚΑΤΑΓΩΓΉ
ΠΛΉΡΩΜΑ
ΥΔΡΟΓΌΝΟ
ΜΗΧΑΝΉ
ΜΠΑΛΌΝΙ
ΕΠΙΒΆΤΗ
ΠΙΛΟΤΙΚΉ
ΙΣΤΟΡΊΑ

70 - Pirati

```
Θ  Β  Ο  Π  Σ  Μ  Ά  Ρ  Κ  Α  Κ  Ό  Π  Μ
Η  Ψ  Π  Π  Μ  Ρ  Γ  Α  Ο  Χ  Ν  Λ  Α  Ρ
Σ  Ο  Υ  Λ  Ή  Ε  Κ  Π  Ρ  Ύ  Υ  Ε  Ρ  Δ
Α  Β  Ξ  Ή  Ο  Δ  Υ  Α  Ι  Ν  Μ  Κ  Α  Ψ
Υ  Ο  Ί  Ρ  Μ  Χ  Ρ  Π  Η  Γ  Κ  Ι  Λ  Ε
Ρ  Ψ  Δ  Ω  Λ  Ρ  Α  Α  Λ  Χ  Έ  Ν  Ί  Σ
Ό  Π  Α  Μ  Ψ  Υ  Ψ  Γ  Ι  Ν  Ρ  Δ  Α  Π
Σ  Π  Τ  Α  Ο  Σ  Β  Ά  Ό  Σ  Μ  Ύ  Ι  Ή
Α  Ο  Θ  Ο  Ν  Ό  Γ  Λ  Α  Σ  Α  Ν  Ψ  Λ
Χ  Ά  Ρ  Τ  Η  Σ  Έ  Ο  Γ  Π  Τ  Ο  Χ  Α
Μ  Ν  Ύ  Ι  Σ  Τ  Ο  Σ  Ε  Α  Α  Υ  Δ  Ι
Α  Ι  Λ  Υ  Ί  Ι  Η  Υ  Υ  Θ  Γ  Ι  Υ  Ο
Υ  Μ  Ο  Σ  Έ  Σ  Η  Μ  Α  Ί  Α  Ξ  Γ  Σ
Σ  Ο  Σ  Π  Ε  Ρ  Ι  Π  Έ  Τ  Ε  Ι  Α  Ω
```

ΆΓΚΥΡΑ
ΠΕΡΙΠΈΤΕΙΑ
ΣΗΜΑΊΑ
ΠΥΞΊΔΑ
ΛΟΧΑΓΌΣ
ΚΑΚΌ
ΟΥΛΉ
ΠΛΉΡΩΜΑ
ΣΠΉΛΑΙΟ
ΝΗΣΊ

ΘΡΎΛΟΣ
ΧΆΡΤΗ
ΚΈΡΜΑΤΑ
ΧΡΥΣΌΣ
ΠΑΠΑΓΆΛΟΣ
ΚΙΝΔΎΝΟΥ
ΡΟΎΜΙ
ΣΠΑΘΊ
ΠΑΡΑΛΊΑ
ΘΗΣΑΥΡΌΣ

71 - Colori

```
Δ  Γ  Α  Λ  Ά  Ζ  Ι  Ο  Γ  Η  Ν  Π  Π  Δ
Χ  Ν  Ο  Π  Ί  Ε  Ε  Β  Η  Ο  Β  Γ  Ο  Ψ
Κ  Α  Φ  Έ  Υ  Ι  Δ  Σ  Η  Λ  Η  Έ  Ρ  Ρ
Υ  Ό  Γ  Α  Ι  Α  Έ  Ρ  Έ  Ι  Π  Δ  Τ  Λ
Α  Ι  Κ  Ξ  Α  Τ  Η  Π  Μ  Π  Λ  Ε  Ο  Ί
Ν  Η  Ο  Κ  Ι  Χ  Ν  Γ  Π  Ξ  Ι  Α  Κ  Γ
Ό  Λ  Ρ  Δ  Ι  Τ  Μ  Σ  Ε  Ε  Ω  Α  Ά  Τ
Μ  Μ  Η  Λ  Έ  Ν  Φ  Γ  Ζ  Π  Η  Κ  Λ  Τ
Τ  Ψ  Η  Ε  Β  Ο  Ο  Γ  Κ  Ρ  Ι  Ί  Ι  Ο
Μ  Ο  Β  Υ  Μ  Α  Ύ  Ρ  Ο  Ά  Δ  Τ  Χ  Ε
Χ  Ο  Ε  Κ  Π  Δ  Ξ  Ο  Ο  Σ  Π  Ρ  Δ  Μ
Σ  Τ  Π  Ό  Υ  Β  Ι  Ζ  Α  Ι  Π  Ι  Σ  Δ
Λ  Δ  Γ  Ν  Σ  Ρ  Α  Γ  Τ  Ν  Ψ  Ν  Χ  Ε
Λ  Ο  Υ  Λ  Α  Κ  Ί  Λ  Ι  Ο  Δ  Ο  Π  Ί
```

ΠΟΡΤΟΚΆΛΙ   ΛΟΥΛΑΚΊ
ΓΑΛΆΖΙΟ   ΚΑΦΈ
ΜΠΕΖ   ΜΑΎΡΟ
ΛΕΥΚΌ   ΡΟΖ
ΜΠΛΕ   ΚΌΚΚΙΝΟ
ΚΥΑΝΌ   ΣΈΠΙΑ
ΦΟΎΞΙΑ   ΠΡΆΣΙΝΟ
ΚΊΤΡΙΝΟ   ΜΟΒ
ΓΚΡΙ

72 - Spiaggia

Β	Δ	Σ	Π	Α	Ξ	Σ	Έ	Α	Μ	Ε	Ο	Ν	Λ
Ο	Ά	Α	Ι	Ι	Π	Μ	Γ	Σ	Α	Χ	Γ	Η	Ι
Μ	Λ	Ρ	Κ	Ω	Δ	Ί	Π	Ψ	Β	Α	Ε	Σ	Μ
Π	Π	Σ	Κ	Τ	Ω	Κ	Ε	Α	Ν	Ό	Σ	Ί	Ν
Ρ	Ψ	Ε	Σ	Α	Ή	Β	Τ	Π	Π	Θ	Υ	Δ	Ο
Έ	Η	Έ	Ρ	Ξ	Λ	Τ	Σ	Ο	Η	Ά	Η	Ι	Θ
Λ	Ά	Ξ	Δ	Β	Ι	Σ	Έ	Β	Ο	Λ	Ο	Α	Ά
Α	Μ	Π	Λ	Ε	Α	Τ	Τ	Ά	Δ	Α	Έ	Κ	Λ
Δ	Μ	Α	Ί	Ή	Π	Μ	Α	Θ	Ρ	Σ	Μ	Ο	Α
Ψ	Ο	Σ	Ψ	Ρ	Λ	Ξ	Έ	Ρ	Α	Σ	Α	Π	Σ
Σ	Α	Ν	Δ	Ά	Λ	Ι	Α	Α	Ψ	Α	Δ	Έ	Σ
Β	Τ	Μ	Ρ	Ψ	Ο	Χ	Ο	Ί	Υ	Ψ	Ψ	Σ	Α
Δ	Κ	Α	Β	Ο	Ύ	Ρ	Ι	Σ	Έ	Π	Υ	Β	Χ
Ι	Σ	Τ	Ι	Ο	Φ	Ό	Ρ	Ο	Μ	Σ	Ψ	Π	Χ

ΠΕΤΣΈΤΑ
ΒΆΡΚΑ
ΙΣΤΙΟΦΌΡΟ
ΜΠΛΕ
ΑΚΤΉ
ΑΠΟΒΆΘΡΑ
ΚΑΒΟΎΡΙ
ΝΗΣΊ
ΛΙΜΝΟΘΆΛΑΣΣΑ

ΘΆΛΑΣΣΑ
ΩΚΕΑΝΌΣ
ΟΜΠΡΈΛΑ
ΆΜΜΟ
ΣΑΝΔΆΛΙΑ
ΞΈΡΑ
ΉΛΙΟΣ
ΔΙΑΚΟΠΈΣ

73 - Avventura

```
Π  Μ  Ι  Μ  Ξ  Δ  Τ  Α  Ξ  Ί  Δ  Ι  Λ  Σ
Β  Π  Ω  Υ  Μ  Π  Υ  Υ  Ο  Χ  Α  Ρ  Έ  Δ
Σ  Υ  Ν  Α  Ο  Φ  Ύ  Σ  Η  Υ  Σ  Ε  Ε  Ρ
Φ  Ί  Λ  Ο  Ι  Ω  Ξ  Λ  Κ  Σ  Φ  Π  Γ  Ο
Π  Λ  Ο  Ή  Γ  Η  Σ  Η  Ο  Ο  Ά  Ι  Ε  Μ
Π  Ρ  Ο  Ο  Ρ  Ι  Σ  Μ  Ό  Σ  Λ  Κ  Ν  Ο
Α  Σ  Υ  Ν  Ή  Θ  Ι  Σ  Τ  Ο  Ε  Ί  Ν  Λ
Ο  Ψ  Ε  Κ  Δ  Ρ  Ο  Μ  Ή  Δ  Ι  Ν  Α  Ό
Ν  Ί  Τ  Α  Χ  Χ  Έ  Έ  Ι  Λ  Α  Δ  Ι  Γ
Ρ  Έ  Ε  Υ  Κ  Α  Ι  Ρ  Ί  Α  Ί  Υ  Ό  Ι
Ν  Μ  Α  Τ  Α  Ι  Ρ  Έ  Α  Λ  Ν  Ν  Τ  Ο
Ο  Μ  Ο  Ρ  Φ  Ι  Ά  Ά  Γ  Ο  Ξ  Ο  Η  Ι
Ί  Δ  Ρ  Α  Σ  Τ  Η  Ρ  Ι  Ό  Τ  Η  Τ  Α
Π  Α  Ρ  Α  Σ  Κ  Ε  Υ  Ή  Γ  Υ  Ω  Α  Ω
```

ΦΊΛΟΙ
ΔΡΑΣΤΗΡΙΌΤΗΤΑ
ΟΜΟΡΦΙΆ
ΕΥΚΑΙΡΊΑ
ΓΕΝΝΑΙΌΤΗΤΑ
ΠΡΟΟΡΙΣΜΌΣ
ΔΥΣΚΟΛΊΑ
ΕΚΔΡΟΜΉ
ΧΑΡΆ

ΑΣΥΝΉΘΙΣΤΟ
ΔΡΟΜΟΛΌΓΙΟ
ΦΎΣΗ
ΠΛΟΉΓΗΣΗ
ΝΈΑ
ΕΠΙΚΊΝΔΥΝΟ
ΠΑΡΑΣΚΕΥΉ
ΑΣΦΆΛΕΙΑ
ΤΑΞΊΔΙ

74 - Forme

Τ	Ρ	Ι	Γ	Ώ	Ν	Ο	Υ	Ψ	Ο	Σ	Έ	Τ	Γ
Κ	Ύ	Λ	Ι	Ν	Δ	Ρ	Ο	Σ	Ν	Φ	Ρ	Ε	Η
Κ	Ύ	Β	Ρ	Ο	Κ	Α	Β	Γ	Ρ	Α	Μ	Μ	Ή
Κ	Ώ	Β	Ε	Ο	Α	Έ	Ά	Β	Ο	Ί	Έ	Χ	Α
Ύ	Σ	Ν	Ο	Δ	Μ	Π	Λ	Ε	Υ	Ρ	Ά	Π	Ε
Κ	Ψ	Υ	Ο	Σ	Π	Ο	Ν	Λ	Ί	Α	Ο	Α	Η
Λ	Τ	Μ	Υ	Σ	Ύ	Λ	Α	Ι	Ε	Α	Π	Π	Α
Ο	Ν	Δ	Π	Ξ	Λ	Ύ	Η	Ξ	Υ	Ι	Έ	Ε	Π
Σ	Π	Ξ	Ε	Ξ	Η	Γ	Ω	Ν	Ί	Α	Ψ	Π	Ρ
Δ	Ο	Γ	Ρ	Ψ	Ί	Ω	Ά	Κ	Ρ	Η	Τ	Η	Ί
Ι	Γ	Χ	Β	Δ	Μ	Ν	Ξ	Α	Ι	Έ	Η	Ω	Σ
Τ	Ό	Ξ	Ο	Ρ	Θ	Ο	Γ	Ώ	Ν	Ι	Ο	Τ	Μ
Γ	Σ	Η	Λ	Ψ	Η	Α	Π	Λ	Α	Τ	Ε	Ί	Α
Η	Υ	Γ	Ή	Π	Υ	Ρ	Α	Μ	Ί	Δ	Α	Ί	Λ

ΓΩΝΊΑ
ΤΌΞΟ
ΆΚΡΗ
ΚΎΚΛΟΣ
ΚΎΛΙΝΔΡΟΣ
ΚΏΝΟΣ
ΚΎΒΟΣ
ΚΑΜΠΎΛΗ
ΈΛΛΕΙΨΗ
ΥΠΕΡΒΟΛΉ

ΠΛΕΥΡΆ
ΓΡΑΜΜΉ
ΟΒΆΛ
ΠΥΡΑΜΊΔΑ
ΠΟΛΎΓΩΝΟ
ΠΡΊΣΜΑ
ΠΛΑΤΕΊΑ
ΟΡΘΟΓΏΝΙΟ
ΣΦΑΊΡΑ
ΤΡΙΓΏΝΟΥ

75 - Oceano

```
Ι  Κ  Ο  Ρ  Ά  Λ  Λ  Ι  Λ  Τ  Κ  Μ  Γ  Υ
Η  Γ  Α  Ρ  Ί  Δ  Α  Ω  Ε  Έ  Α  Π  Β  Ο
Α  Σ  Τ  Ρ  Ε  Ί  Δ  Ι  Χ  Ρ  Τ  Α  Ά  Π
Ψ  Ά  Ρ  Ι  Χ  Ε  Λ  Ώ  Ν  Α  Α  Λ  Ρ  Ι
Ξ  Έ  Ρ  Α  Κ  Α  Β  Ο  Ύ  Ρ  Ι  Ί  Κ  Ψ
Α  Λ  Ά  Τ  Ι  Ω  Ρ  Λ  Ε  Β  Γ  Ρ  Α  Χ
Φ  Ά  Λ  Α  Ι  Ν  Α  Ί  Έ  Υ  Ί  Ρ  Γ  Ρ
Ε  Ν  Ψ  Μ  Χ  Ρ  Ο  Σ  Α  Γ  Δ  Ο  Γ  Δ
Χ  Έ  Λ  Ι  Ί  Τ  Μ  Κ  Β  Σ  Α  Ι  Έ  Ε
Υ  Ψ  Η  Η  Ρ  Ι  Α  Ε  Ύ  Η  Μ  Α  Ρ  Λ
Ψ  Ξ  Λ  Ψ  Μ  Ξ  Ο  Π  Ρ  Μ  Ν  Έ  Π  Φ
Τ  Ό  Ν  Ο  Σ  Ι  Υ  Τ  Ό  Τ  Α  Υ  Δ  Ί
Μ  Έ  Δ  Ο  Υ  Σ  Ε  Σ  Ξ  Δ  Σ  Τ  Ο  Ν
Ί  Ξ  Σ  Φ  Ο  Υ  Γ  Γ  Ά  Ρ  Ι  Σ  Α  Ι
```

ΧΈΛΙ	ΣΤΡΕΊΔΙ
ΦΆΛΑΙΝΑ	ΨΆΡΙ
ΒΆΡΚΑ	ΧΤΑΠΌΔΙ
ΚΟΡΆΛΛΙ	ΑΛΆΤΙ
ΔΕΛΦΊΝΙ	ΞΈΡΑ
ΓΑΡΊΔΑ	ΣΦΟΥΓΓΆΡΙ
ΚΑΒΟΎΡΙ	ΚΑΡΧΑΡΊΑΣ
ΠΑΛΊΡΡΟΙΑ	ΧΕΛΏΝΑ
ΜΈΔΟΥΣΕΣ	ΚΑΤΑΙΓΊΔΑ
ΚΎΜΑΤΑ	ΤΌΝΟΣ

76 - Famiglia

Π	Σ	Ί	Ν	Ψ	Υ	Π	Ρ	Ό	Γ	Ο	Ν	Ο	Σ
Α	Δ	Ε	Λ	Φ	Ο	Σ	Α	Ξ	Η	Ν	Θ	Σ	Γ
Τ	Ω	Γ	Ρ	Μ	Η	Τ	Ρ	Ι	Κ	Ή	Ε	Ύ	Υ
Ρ	Δ	Π	Α	Ξ	Γ	Τ	Γ	Π	Λ	Ί	Ζ	Ν
Ι	Γ	Π	Β	Ν	Μ	Ξ	Σ	Ι	Π	Ί	Α	Υ	Α
Κ	Ό	Ρ	Η	Ν	Ι	Ψ	Έ	Ε	Α	Έ	Γ	Γ	Ί
Ή	Α	Ο	Υ	Δ	Έ	Ψ	Γ	Σ	Τ	Γ	Σ	Ο	Κ
Δ	Ί	Δ	Υ	Μ	Α	Ο	Ι	Ε	Έ	Α	Ι	Σ	Α
Μ	Η	Τ	Έ	Ρ	Α	Β	Π	Ά	Ρ	Θ	Έ	Ά	Δ
Ξ	Α	Δ	Έ	Ρ	Φ	Η	Ν	Ύ	Α	Ε	Β	Ε	Ε
Υ	Χ	Χ	Π	Α	Π	Π	Ο	Ύ	Σ	Ί	Ν	Λ	Λ
Τ	Ψ	Έ	Ψ	Ι	Μ	Ρ	Ρ	Ψ	Ο	Ο	Ε	Π	Φ
Ν	Τ	Π	Α	Ω	Ρ	Τ	Ι	Ξ	Ι	Σ	Ω	Ξ	Ή
Α	Ψ	Χ	Σ	Μ	Ί	Σ	Υ	Χ	Ψ	Β	Ι	Ω	Ψ

ΠΡΌΓΟΝΟΣ
ΠΑΙΔΊ
ΞΑΔΈΡΦΗ
ΚΌΡΗ
ΑΔΕΛΦΟΣ
ΔΊΔΥΜΑ
ΜΗΤΈΡΑ
ΣΎΖΥΓΟΣ
ΜΗΤΡΙΚΉ

ΓΥΝΑΊΚΑ
ΑΝΙΨΙΆ
ΓΙΑΓΙΆ
ΠΑΠΠΟΎΣ
ΠΑΤΈΡΑΣ
ΠΑΤΡΙΚΉ
ΑΔΕΛΦΉ
ΘΕΊΑ
ΘΕΊΟΣ

77 - Veicoli

Δ	Δ	Ί	Ι	Γ	Α	Φ	Ο	Ρ	Τ	Η	Γ	Ό	Α
Ρ	Ο	Υ	Κ	Έ	Τ	Α	Μ	Η	Χ	Α	Ν	Ή	Ε
Λ	Έ	Ω	Φ	Ο	Ρ	Ε	Ί	Ο	Ξ	Υ	Π	Ν	Ρ
Α	Ά	Τ	Ρ	Ο	Χ	Ό	Σ	Π	Ι	Τ	Ο	Ψ	Ο
Υ	Σ	Σ	Σ	Χ	Ε	Δ	Ί	Α	Α	Ο	Δ	Μ	Π
Π	Κ	Θ	Τ	Ρ	Α	Κ	Τ	Έ	Ρ	Κ	Ή	Μ	Λ
Ο	Ο	Τ	Ε	Ι	Λ	Χ	Α	Τ	Β	Ί	Λ	Ε	Ά
Β	Ύ	Ί	Η	Ν	Χ	Μ	Ξ	Ρ	Ω	Ν	Α	Τ	Ν
Ρ	Τ	Β	Ο	Τ	Ο	Α	Ί	Έ	Ε	Η	Τ	Ρ	Ο
Ύ	Ε	Μ	Ά	Λ	Μ	Φ	Έ	Ν	Χ	Τ	Ο	Ό	Π
Χ	Ρ	Δ	Ξ	Ρ	Χ	Ρ	Ό	Ο	Β	Ο	Λ	Ρ	Ι
Ι	Π	Π	Ψ	Ξ	Κ	Π	Ο	Ρ	Θ	Μ	Ε	Ί	Ο
Ο	Ι	Ρ	Δ	Ι	Σ	Α	Ο	Τ	Ο	Α	Η	Γ	Έ
Ε	Λ	Ι	Κ	Ό	Π	Τ	Ε	Ρ	Ο	Έ	Ε	Ί	Β

AΕΡΟΠΛΆΝΟ
ΑΣΘΕΝΟΦΌΡΟ
ΑΥΤΟΚΊΝΗΤΟ
ΛΕΩΦΟΡΕΊΟ
ΒΆΡΚΑ
ΠΟΔΉΛΑΤΟ
ΦΟΡΤΗΓΌ
ΤΡΟΧΌΣΠΙΤΟ
ΕΛΙΚΌΠΤΕΡΟ
ΜΕΤΡΌ

ΜΗΧΑΝΉ
ΛΆΣΤΙΧΑ
ΡΟΥΚΈΤΑ
ΣΚΟΎΤΕΡ
ΥΠΟΒΡΎΧΙΟ
ΤΑΞΊ
ΠΟΡΘΜΕΊΟ
ΤΡΑΚΤΈΡ
ΤΡΈΝΟ
ΣΧΕΔΊΑ

78 - Emozioni

```
Η  Σ  Π  Λ  Ή  Ξ  Η  Ε  Ρ  Σ  Σ  Ο  Λ  Π
Ρ  Θ  Λ  Ί  Ψ  Η  Ξ  Ι  Χ  Ε  Υ  Φ  Ι  Ε
Ε  Β  Η  Α  Ι  Έ  Σ  Ρ  Θ  Υ  Μ  Ό  Σ  Ρ
Μ  Ρ  Ρ  Ε  Μ  Μ  Ί  Ή  Ο  Ω  Π  Β  Ω  Ι
Ί  Κ  Α  Λ  Ο  Σ  Ύ  Ν  Η  Ω  Ό  Ο  Ι  Ε
Α  Λ  Ι  Έ  Κ  Π  Λ  Η  Ξ  Η  Ν  Σ  Π  Χ
Δ  Η  Μ  Α  Ν  Α  Κ  Ο  Ύ  Φ  Ι  Σ  Η  Ό
Ε  Υ  Δ  Α  Ι  Μ  Ο  Ν  Ί  Α  Α  Τ  Μ  Μ
Τ  Ρ  Υ  Φ  Ε  Ρ  Ό  Τ  Η  Τ  Α  Έ  Ν  Ε
Ο  Σ  Έ  Ξ  Χ  Α  Ρ  Ά  Α  Γ  Ά  Π  Η  Ν
Ι  Κ  Α  Ν  Ο  Π  Ο  Ί  Η  Σ  Α  Μ  Ο  Ο
Ι  Ο  Χ  Χ  Α  Λ  Α  Ρ  Ή  Ν  Ι  Δ  Ξ  Έ
Ε  Υ  Γ  Ν  Ώ  Μ  Ω  Ν  Χ  Β  Λ  Ί  Γ  Ε
Α  Τ  Χ  Ο  Δ  Π  Σ  Η  Ι  Λ  Ξ  Ξ  Δ  Ψ
```

ΑΓΆΠΗ	ΦΌΒΟΣ
ΕΥΔΑΙΜΟΝΊΑ	ΘΥΜΌΣ
ΗΡΕΜΊΑ	ΧΑΛΑΡΉ
ΠΕΡΙΕΧΌΜΕΝΟ	ΑΝΑΚΟΎΦΙΣΗ
ΚΑΛΟΣΎΝΗ	ΣΥΜΠΌΝΙΑ
ΧΑΡΆ	ΙΚΑΝΟΠΟΊΗΣΑ
ΕΥΓΝΏΜΩΝ	ΈΚΠΛΗΞΗ
ΠΛΉΞΗ	ΤΡΥΦΕΡΌΤΗΤΑ
ΕΙΡΉΝΗ	ΘΛΊΨΗ

79 - Natura

```
Β  Α  Μ  Έ  Λ  Ι  Σ  Σ  Ε  Σ  Γ  Ε  Α  Δ
Ο  Ά  Ζ  Ω  Τ  Ι  Κ  Ή  Λ  Ι  Ε  Ρ  Ό  Υ
Υ  Γ  Δ  Ί  Ρ  Σ  Σ  Β  Ω  Τ  Ν  Ή  Έ  Ν
Ν  Ρ  Ι  Α  Υ  Η  Λ  Ε  Μ  Ν  Γ  Μ  Ο  Α
Ά  Ι  Ά  Ο  Μ  Ο  Ρ  Φ  Ι  Ά  Η  Ο  Ι  Μ
Κ  Ο  Β  Τ  Ρ  Ο  Π  Ι  Κ  Ή  Π  Υ  Ι  Ι
Α  Γ  Ρ  Ξ  Ν  Ε  Α  Ρ  Κ  Τ  Ι  Κ  Ή  Κ
Τ  Α  Ω  Λ  Μ  Π  Γ  Ψ  Δ  Ξ  Γ  Ρ  Ζ  Ή
Α  Λ  Σ  Ύ  Ν  Ν  Ε  Φ  Α  Ξ  Δ  Υ  Ώ  Ψ
Φ  Ή  Η  Ω  Λ  Ε  Τ  Χ  Σ  Β  Α  Ω  Α  Μ
Ύ  Ν  Ν  Ρ  Έ  Η  Ώ  Π  Ο  Τ  Α  Μ  Ό  Σ
Γ  Ι  Η  Η  Έ  Γ  Ν  Τ  Σ  Έ  Γ  Ν  Α  Ί
Ι  Ο  Ο  Χ  Ο  Υ  Α  Ο  Μ  Ί  Χ  Λ  Η  Χ
Ο  Λ  Ο  Ψ  Ι  Λ  Σ  Φ  Ύ  Λ  Λ  Ω  Μ  Α
```

ΖΏΑ	ΠΑΓΕΤΏΝΑΣ
ΜΈΛΙΣΣΕΣ	ΒΟΥΝΆ
ΑΡΚΤΙΚΉ	ΟΜΊΧΛΗ
ΟΜΟΡΦΙΆ	ΣΎΝΝΕΦΑ
ΕΡΉΜΟΥ	ΚΑΤΑΦΎΓΙΟ
ΔΥΝΑΜΙΚΉ	ΙΕΡΌ
ΔΙΆΒΡΩΣΗ	ΆΓΡΙΟ
ΠΟΤΑΜΌΣ	ΓΑΛΉΝΙΟ
ΦΎΛΛΩΜΑ	ΤΡΟΠΙΚΉ
ΔΑΣΟΣ	ΖΩΤΙΚΉ

80 - Balletto

Χ	Μ	Β	Ά	Μ	Π	Α	Λ	Α	Ρ	Ί	Ν	Α	Α
Σ	Ε	Ο	Ω	Σ	Υ	Ν	Θ	Έ	Τ	Η	Π	Μ	Μ
Τ	Β	Ι	Υ	Ε	Κ	Φ	Ρ	Α	Σ	Τ	Ι	Κ	Ή
Υ	Ο	Έ	Ρ	Σ	Σ	Η	Η	Τ	Έ	Π	Σ	Η	Λ
Λ	Ρ	Ν	Υ	Ο	Ι	Έ	Σ	Α	Μ	Ν	Ε	Τ	Α
Π	Χ	Τ	Θ	Ξ	Κ	Κ	Υ	Η	Σ	Ό	Λ	Ο	Κ
Λ	Ή	Α	Μ	Λ	Χ	Ρ	Ή	Υ	Ω	Ρ	Γ	Χ	Ρ
Έ	Σ	Σ	Ο	Σ	Ψ	Λ	Ό	Ν	Π	Ο	Α	Ο	Ο
Έ	Τ	Η	Ύ	Ω	Λ	Ί	Ω	Τ	Ί	Γ	Ι	Ρ	Α
Π	Ρ	Ό	Β	Α	Ξ	Ψ	Ξ	Τ	Η	Η	Ί	Ε	Τ
Ε	Α	Τ	Ε	Χ	Ν	Ι	Κ	Ή	Π	Μ	Σ	Υ	Ή
Τ	Σ	Χ	Ε	Ι	Ρ	Ο	Ν	Ο	Μ	Ί	Α	Τ	Ρ
Κ	Α	Λ	Λ	Ι	Τ	Ε	Χ	Ν	Ι	Κ	Ή	Ε	Ι
Χ	Ο	Ρ	Ο	Γ	Ρ	Α	Φ	Ί	Α	Ε	Ν	Σ	Ο

ΧΕΙΡΟΚΡΌΤΗΜΑ
ΚΑΛΛΙΤΕΧΝΙΚΉ
ΣΌΛΟ
ΜΠΑΛΑΡΊΝΑ
ΧΟΡΕΥΤΕΣ
ΣΥΝΘΈΤΗ
ΧΟΡΟΓΡΑΦΊΑ
ΕΚΦΡΑΣΤΙΚΉ
ΧΕΙΡΟΝΟΜΊΑ

ΈΝΤΑΣΗ
ΜΟΥΣΙΚΉ
ΟΡΧΉΣΤΡΑ
ΆΣΚΗΣΗ
ΠΡΌΒΑ
ΑΚΡΟΑΤΉΡΙΟ
ΡΥΘΜΟΎ
ΣΤΥΛ
ΤΕΧΝΙΚΉ

81 - Castelli

```
Τ  Φ  Β  Α  Σ  Ί  Λ  Ε  Ι  Ο  Π  Π  Δ
Λ  Ε  Υ  Γ  Ε  Ν  Ή  Σ  Α  Χ  Ρ  Ρ  Ύ  Υ
Β  Ο  Β  Ι  Π  Π  Ό  Τ  Η  Σ  Ι  Ί  Ρ  Ν
Γ  Υ  Ο  Ι  Π  Σ  Ν  Έ  Ψ  Ψ  Γ  Γ  Α
Ε  Δ  Ρ  Ά  Κ  Ο  Σ  Μ  Α  Ψ  Κ  Κ  Ο  Σ
Τ  Α  Σ  Φ  Η  Β  Π  Μ  Ί  Ί  Ί  Ι  Σ  Τ
Ά  Ρ  Π  Ρ  Ά  Β  Α  Α  Δ  Υ  Π  Π  Σ  Ε
Φ  Χ  Α  Ο  Ν  Λ  Ν  Ι  Ρ  Η  Ι  Α  Α  Ί
Ρ  Ι  Θ  Ύ  Ξ  Τ  Ο  Ί  Χ  Ο  Σ  Σ  Σ  Α
Ο  Κ  Ί  Ρ  Ω  Ι  Π  Γ  Η  Τ  Σ  Ι  Π  Ε
Σ  Ή  Μ  Ι  Η  Γ  Λ  Δ  Ο  Ω  Α  Ο  Ί  Ε
Ί  Ξ  Ρ  Ο  Ω  Λ  Ί  Υ  Δ  Δ  Ε  Ξ  Δ  Ί
Ξ  Χ  Έ  Μ  Γ  Π  Α  Λ  Ά  Τ  Ι  Α  Α  Η
Π  Μ  Α  Υ  Τ  Ο  Κ  Ρ  Α  Τ  Ο  Ρ  Ί  Α
```

ΠΑΝΟΠΛΊΑ
ΙΠΠΌΤΗΣ
ΆΛΟΓΟ
ΣΤΈΜΜΑ
ΔΥΝΑΣΤΕΊΑ
ΔΡΆΚΟΣ
ΦΕΟΥΔΑΡΧΙΚΉ
ΦΡΟΎΡΙΟ
ΤΆΦΡΟΣ
ΑΥΤΟΚΡΑΤΟΡΊΑ

ΕΥΓΕΝΉΣ
ΠΑΛΆΤΙ
ΤΟΊΧΟΣ
ΠΡΊΓΚΙΠΑΣ
ΠΡΙΓΚΊΠΙΣΣΑ
ΒΑΣΊΛΕΙΟ
ΑΣΠΊΔΑ
ΣΠΑΘΊ
ΠΎΡΓΟΣ

82 - Campionato

Α	Π	Γ	Ω	Ο	Α	Ω	Γ	Α	Ν	Τ	Ο	Χ	Ή
Θ	Χ	Ρ	Π	Δ	Μ	Ξ	Σ	Π	Π	Σ	Ρ	Ρ	Λ
Λ	Μ	Έ	Ο	Χ	Μ	Η	Ί	Ό	Β	Α	Έ	Σ	Σ
Η	Ε	Ρ	Τ	Π	Ε	Φ	Ί	Δ	Ρ	Ω	Σ	Η	Ξ
Τ	Τ	Ν	Χ	Ν	Ο	Μ	Ι	Ο	Γ	Λ	Ε	Μ	Σ
Ι	Ά	Ί	Ν	Ε	Έ	Ν	Ω	Σ	Η	Έ	Ν	Ω	Ξ
Κ	Λ	Κ	Μ	Μ	Ω	Ω	Η	Η	Σ	Η	Ί	Έ	Ί
Ή	Λ	Η	Δ	Σ	Τ	Ρ	Α	Τ	Η	Γ	Ι	Κ	Ή
Δ	Ι	Κ	Α	Σ	Τ	Ή	Σ	Ψ	Ή	Ν	Γ	Ι	Υ
Ο	Ο	Φ	Ι	Ν	Α	Λ	Ί	Σ	Τ	Σ	Ι	Β	Σ
Ρ	Μ	Κ	Ί	Ν	Η	Τ	Ρ	Ο	Ί	Ε	Υ	Α	Ί
Σ	Ε	Ά	Π	Ρ	Ω	Τ	Ά	Θ	Λ	Η	Μ	Α	Β
Χ	Η	Έ	Δ	Τ	Ο	Υ	Ρ	Ν	Ο	Υ	Ά	Π	Ι
Ο	Τ	Γ	Π	Α	Ι	Χ	Ν	Ί	Δ	Ι	Α	Έ	Τ

ΠΡΟΠΟΝΗΤΉΣ
ΠΡΩΤΆΘΛΗΜΑ
ΦΙΝΑΛΊΣΤ
ΠΑΙΧΝΊΔΙΑ
ΔΙΚΑΣΤΉΣ
ΈΝΩΣΗ
ΜΕΤΆΛΛΙΟ
ΚΊΝΗΤΡΟ

ΑΠΌΔΟΣΗ
ΑΝΤΟΧΉ
ΑΘΛΗΤΙΚΉ
ΟΜΆΔΑ
ΣΤΡΑΤΗΓΙΚΉ
ΕΦΊΔΡΩΣΗ
ΤΟΥΡΝΟΥΆ
ΝΊΚΗ

83 - Foresta Pluviale

```
Ε  Κ  Λ  Ί  Μ  Α  Τ  Π  Ο  Υ  Λ  Ι  Ά  Δ
Ί  Π  Α  Μ  Φ  Ί  Β  Ι  Α  Ρ  Ω  Π  Ι  Ι
Δ  Ο  Ι  Τ  Λ  Έ  Ί  Σ  Ύ  Ν  Ν  Ε  Φ  Α
Ο  Ι  Π  Β  Α  Β  Ν  Β  Ω  Ί  Ρ  Υ  Τ  Τ
Σ  Κ  Ο  Ρ  Ί  Φ  Φ  Χ  Β  Η  Υ  Ε  Κ  Ή
Έ  Ι  Λ  Ύ  Ι  Ω  Ύ  Ρ  Η  Ι  Ψ  Θ  Ο  Ρ
Β  Λ  Ύ  Α  Η  Ε  Σ  Γ  Β  Τ  Ί  Η  Ι  Η
Ο  Ί  Τ  Ι  Σ  Λ  Η  Η  Ι  Ζ  Π  Λ  Ν  Σ
Μ  Α  Ι  Έ  Γ  Ί  Έ  Ν  Τ  Ο  Μ  Α  Ό  Η
Α  Ν  Μ  Σ  Ί  Δ  Δ  Χ  Ί  Ύ  Υ  Σ  Τ  Υ
Ι  Ρ  Α  Α  Η  Ω  Ξ  Β  Α  Γ  Λ  Τ  Η  Ξ
Β  Ο  Τ  Α  Ν  Ι  Κ  Ή  Ω  Κ  Ψ  Ι  Τ  Ρ
Ε  Ο  Ι  Α  Π  Ψ  Η  Έ  Έ  Λ  Ί  Κ  Α  Ω
Ί  Ξ  Σ  Ρ  Α  Ε  Η  Ν  Β  Α  Γ  Ά  Ω  Τ
```

ΑΜΦΊΒΙΑ
ΒΟΤΑΝΙΚΉ
ΚΛΊΜΑ
ΚΟΙΝΌΤΗΤΑ
ΠΟΙΚΙΛΊΑ
ΖΟΎΓΚΛΑ
ΈΝΤΟΜΑ
ΘΗΛΑΣΤΙΚΆ
ΒΡΎΑ

ΦΎΣΗ
ΣΎΝΝΕΦΑ
ΔΙΑΤΉΡΗΣΗ
ΠΟΛΎΤΙΜΑ
ΚΑΤΑΦΎΓΙΟ
ΣΈΒΟΜΑΙ
ΕΠΙΒΊΩΣΗ
ΕΊΔΟΣ
ΠΟΥΛΙΆ

84 - Edifici

```
Ι  Ξ  Δ  Α  Κ  Α  Μ  Π  Ί  Ν  Α  Υ  Ε  Σ
Ν  Ε  Α  Κ  Υ  Β  Χ  Ο  Α  Υ  Β  Μ  Ρ  Μ
Δ  Ν  Ω  Ά  Έ  Ν  Ε  Υ  Ί  Λ  Σ  Ί  Γ  Ω
Χ  Ώ  Ρ  Σ  Β  Β  Ε  Μ  Ρ  Δ  Γ  Ι  Ο  Π
Π  Ν  Γ  Τ  Β  Ρ  Χ  Λ  Μ  Ώ  Δ  Δ  Σ  Ρ
Ύ  Α  Γ  Ρ  Ό  Κ  Τ  Η  Μ  Α  Ν  Ι  Τ  Ε
Ρ  Σ  Χ  Ο  Λ  Ε  Ί  Ο  Λ  Θ  Ψ  Α  Ά  Σ
Γ  Τ  Μ  Μ  Σ  Κ  Η  Ν  Ή  Έ  Υ  Μ  Σ  Β
Ο  Ά  Ω  Ο  Ά  Ρ  Ί  Ι  Γ  Α  Ξ  Έ  Ι  Ε
Σ  Δ  Σ  Υ  Λ  Ρ  Γ  Ι  Ν  Τ  Λ  Ρ  Ο  Ί
Π  Ι  Υ  Σ  Ε  Μ  Κ  Β  Η  Ρ  Δ  Ι  Η  Α
Ρ  Ο  Ι  Ε  Ι  Λ  Ψ  Ε  Ω  Ο  Ι  Σ  Ω  Α
Γ  Έ  Α  Ί  Έ  Ξ  Δ  Ο  Τ  Π  Η  Μ  Ρ  Ο
Ξ  Ε  Ν  Ο  Δ  Ο  Χ  Ε  Ί  Ο  Σ  Α  Σ  Δ
```

ΠΡΕΣΒΕΊΑ
ΔΙΑΜΈΡΙΣΜΑ
ΚΑΜΠΊΝΑ
ΚΆΣΤΡΟ
ΕΡΓΟΣΤΆΣΙΟ
ΑΓΡΌΚΤΗΜΑ
ΑΧΥΡΏΝΑ
ΞΕΝΟΔΟΧΕΊΟ

ΜΟΥΣΕΊΟ
ΞΕΝΏΝΑΣ
ΣΧΟΛΕΊΟ
ΣΤΆΔΙΟ
ΜΆΡΚΕΤ
ΘΈΑΤΡΟ
ΣΚΗΝΉ
ΠΎΡΓΟΣ

85 - Paesi #2

```
Ν  Λ  Δ  Α  Ν  Ί  Α  Ρ  Χ  Σ  Ρ  Ν  Π  Ι
Σ  Ο  Ά  Σ  Β  Η  Ψ  Ω  Ρ  Ί  Γ  Ι  Α  Τ
Ε  Υ  Ι  Ο  Ω  Α  Χ  Σ  Ψ  Δ  Β  Γ  Κ  Ζ
Μ  Κ  Α  Ξ  Σ  Υ  Ρ  Ί  Α  Ί  Ε  Η  Ι  Α
Ι  Ρ  Λ  Α  Ν  Δ  Ί  Α  Τ  Σ  Ε  Ρ  Σ  Μ
Α  Α  Δ  Ϊ  Ι  Ε  Λ  Λ  Ά  Δ  Α  Ί  Τ  Ά
Π  Ν  Τ  Τ  Χ  Θ  Λ  Δ  Π  Β  Ρ  Α  Ά  Ι
Ω  Ί  Ν  Ή  Ρ  Ω  Ι  Σ  Ν  Μ  Μ  Λ  Ν  Κ
Ν  Α  Η  Ρ  Ε  Ν  Χ  Ο  Ε  Λ  Π  Ι  Ν  Α
Ί  Η  Τ  Έ  Η  Δ  Α  Υ  Π  Β  Η  Β  Μ  Υ
Α  Ω  Δ  Δ  Τ  Β  Ν  Δ  Ά  Ί  Έ  Ε  Ν  Σ
Α  Λ  Β  Α  Ν  Ί  Α  Ά  Λ  Ψ  Α  Ρ  Λ  Ί
Μ  Ε  Ξ  Ι  Κ  Ό  Ο  Ν  Υ  Ί  Τ  Ί  Α  Δ
Π  Ι  Ν  Δ  Ο  Ν  Η  Σ  Ί  Α  Ι  Α  Έ  Ι
```

ΑΛΒΑΝΊΑ	ΛΙΒΕΡΊΑ
ΔΑΝΊΑ	ΜΕΞΙΚΌ
ΑΙΘΙΟΠΊΑ	ΝΕΠΆΛ
ΤΖΑΜΆΙΚΑ	ΝΙΓΗΡΊΑ
ΙΑΠΩΝΊΑ	ΠΑΚΙΣΤΆΝ
ΕΛΛΆΔΑ	ΡΩΣΊΑ
ΑΪΤΉ	ΣΥΡΊΑ
ΙΝΔΟΝΗΣΊΑ	ΣΟΥΔΆΝ
ΙΡΛΑΝΔΊΑ	ΟΥΚΡΑΝΊΑ
ΛΆΟΣ	

86 - Tipi di Capelli

```
Σ  Γ  Σ  Φ  Μ  Α  Ύ  Ρ  Ο  Ι  Ρ  Η  Ι  Γ
Γ  Χ  Μ  Α  Ξ  Π  Ξ  Ο  Ψ  Γ  Ε  Τ  Τ  Κ
Ο  Ψ  Ε  Λ  Υ  Έ  Ο  Μ  Α  Λ  Ή  Υ  Π  Ρ
Υ  Έ  Η  Α  Ρ  Γ  Έ  Ύ  Λ  Ε  Π  Τ  Ή  Ι
Ρ  Α  Μ  Κ  Ξ  Δ  Ι  Δ  Κ  Ο  Ν  Τ  Ό  Π
Ά  Ξ  Η  Ρ  Ό  Λ  Υ  Ή  Α  Λ  Δ  Α  Ξ  Λ
Μ  Α  Δ  Ό  Ψ  Β  Ε  Ε  Φ  Ψ  Ε  Α  Μ  Ε
Α  Ν  Έ  Σ  Η  Ο  Η  Υ  Έ  Η  Έ  Σ  Α  Γ
Λ  Θ  Β  Β  Ψ  Π  Ξ  Χ  Κ  Α  Ι  Η  Κ  Μ
Α  Ά  Λ  Α  Μ  Π  Ε  Ρ  Ά  Ό  Ψ  Μ  Ρ  Έ
Κ  Π  Λ  Ε  Ξ  Ο  Ύ  Δ  Ε  Σ  Ί  Έ  Ύ  Ν
Ό  Χ  Ξ  Η  Η  Σ  Ω  Ί  Μ  Λ  Σ  Ν  Ο  Ο
Χ  Β  Ε  Γ  Ο  Η  Υ  Ω  Β  Υ  Β  Ι  Ω  Η
Π  Α  Χ  Ύ  Η  Β  Ο  Β  Ρ  Π  Χ  Ο  Ψ  Μ
```

ΑΣΗΜΈΝΙΟ	ΜΑΚΡΎ
ΞΗΡΌ	ΚΑΦΈ
ΛΕΥΚΌ	ΜΑΛΑΚΌ
ΞΑΝΘΆ	ΜΑΎΡΟ
ΚΟΝΤΟ	ΣΓΟΥΡΆ
ΦΑΛΑΚΡΌΣ	ΜΠΟΎΚΛΕΣ
ΓΚΡΙ	ΥΓΙΉ
ΠΛΕΓΜΈΝΟ	ΛΕΠΤΉ
ΟΜΑΛΉ	ΠΑΧΥ
ΛΑΜΠΕΡΆ	ΠΛΕΞΟΎΔΕΣ

87 - Vestiti

```
Π  Α  Λ  Τ  Ό  Ί  Τ  Ψ  Π  Υ  Υ  Φ  Π  Υ
Ο  Ι  Σ  Α  Κ  Ά  Κ  Ι  Α  Υ  Ρ  Ο  Μ  Ί
Δ  Μ  Τ  Ν  Ί  Ξ  Α  Ί  Π  Λ  Π  Ύ  Ό  Π
Ι  Ψ  Σ  Ζ  Τ  Β  Λ  Κ  Ο  Ψ  Ο  Σ  Δ  Ο
Ά  Λ  Δ  Ι  Ά  Γ  Τ  Ο  Ύ  Μ  Υ  Τ  Α  Υ
Σ  Π  Τ  Ψ  Γ  Μ  Ω  Λ  Τ  Π  Κ  Α  Φ  Λ
Δ  Τ  Γ  Ν  Χ  Δ  Α  Ι  Σ  Λ  Ά  Ν  Ό  Ό
Έ  Κ  Ά  Ν  Ο  Υ  Λ  Έ  Ι  Ο  Μ  Μ  Ρ  Β
Π  Α  Ν  Τ  Ε  Λ  Ό  Ν  Ι  Ύ  Ι  Έ  Ε  Ε
Μ  Π  Τ  Ο  Μ  Σ  Ξ  Η  Λ  Ζ  Σ  Ν  Μ  Ρ
Έ  Έ  Ι  Τ  Ζ  Γ  Λ  Υ  Ε  Α  Ο  Ξ  Α  Β
Χ  Λ  Α  Ί  Ζ  Ώ  Σ  Α  Ν  Δ  Ά  Λ  Ι  Α
Γ  Ο  Ο  Ω  Ί  Ι  Ν  Ξ  Ξ  Η  Τ  Ψ  Ί  Π
Σ  Ι  Ξ  Ω  Χ  Γ  Ν  Η  Σ  Β  Υ  Η  Η  Ε
```

ΦΌΡΕΜΑ
ΜΠΛΟΎΖΑ
ΠΟΥΚΆΜΙΣΟ
ΚΑΠΈΛΟ
ΠΑΛΤΌ
ΖΏΝΗ
ΚΟΛΙΈ
ΣΑΚΆΚΙ
ΦΟΎΣΤΑ

ΠΟΔΙΆ
ΓΆΝΤΙΑ
ΤΖΙΝ
ΠΟΥΛΌΒΕΡ
ΜΌΔΑ
ΠΑΝΤΕΛΌΝΙ
ΠΙΤΖΆΜΑ
ΣΑΝΔΆΛΙΑ
ΠΑΠΟΎΤΣΙ

88 - Attività e Tempo Libero

Σ	Π	Ο	Ρ	Π	Μ	Κ	Β	Ξ	Α	Χ	Έ	Π	Τ
Π	Ο	Ω	Χ	Ε	Ω	Ο	Ό	Σ	Ε	Α	Χ	Π	Α
Β	Δ	Χ	Ψ	Ζ	Χ	Λ	Λ	Η	Ν	Λ	Ό	Υ	Ξ
Ζ	Ό	Ί	Ά	Ο	Δ	Ύ	Ε	Λ	Ο	Α	Μ	Ι	Ί
Ω	Σ	Γ	Ρ	Π	Ί	Μ	Ϊ	Μ	Κ	Ρ	Π	Ξ	Δ
Γ	Φ	Έ	Ε	Ο	Έ	Β	Μ	Π	Α	Ω	Ι	Κ	Ι
Ρ	Α	Χ	Μ	Ρ	Ψ	Η	Χ	Ά	Τ	Τ	Τ	Η	Π
Α	Ι	Τ	Α	Ί	Β	Σ	Ρ	Σ	Α	Ι	Α	Π	Μ
Φ	Ρ	Ι	Έ	Α	Τ	Η	Ξ	Κ	Δ	Κ	Λ	Ο	Γ
Ι	Ο	Σ	Σ	Χ	Έ	Σ	Η	Ε	Ύ	Ό	Ε	Υ	Μ
Κ	Ά	Μ	Π	Ι	Ν	Γ	Κ	Τ	Σ	Ω	Ω	Ρ	Π
Ή	Μ	Ν	Δ	Γ	Ι	Η	Ο	Τ	Ε	Ί	Χ	Ι	Ο
Γ	Κ	Ο	Λ	Φ	Σ	Έ	Ρ	Φ	Ι	Ν	Γ	Κ	Ξ
Μ	Π	Έ	Ι	Ζ	Μ	Π	Ο	Λ	Σ	Χ	Α	Ή	Ν

ΤΈΧΝΗ
ΜΠΈΙΖΜΠΟΛ
ΜΠΆΣΚΕΤ
ΜΠΟΞ
ΠΟΔΌΣΦΑΙΡΟ
ΚΆΜΠΙΝΓΚ
ΠΕΖΟΠΟΡΊΑ
ΚΗΠΟΥΡΙΚΉ
ΓΚΟΛΦ
ΧΌΜΠΙ

ΚΑΤΑΔΎΣΕΙΣ
ΚΟΛΎΜΒΗΣΗ
ΒΌΛΕΪ
ΨΆΡΕΜΑ
ΖΩΓΡΑΦΙΚΉ
ΧΑΛΑΡΩΤΙΚΌ
ΣΈΡΦΙΝΓΚ
ΤΈΝΙΣ
ΤΑΞΊΔΙ

89 - Tecnologia

Λ	Ψ	Η	Φ	Ι	Α	Κ	Ή	Α	Δ	Ι	Ψ	Σ	Έ
Δ	Ο	Ι	Μ	Χ	Σ	Λ	Χ	Σ	Ι	Σ	Β	Τ	Ι
Ο	Ε	Γ	Ό	Π	Β	Π	Μ	Φ	Α	Τ	Ψ	Α	Δ
Π	Π	Δ	Ι	Σ	Μ	Ε	Λ	Ά	Δ	Ο	Ψ	Τ	Π
Έ	Ε	Β	Ο	Σ	Ο	Ξ	Β	Λ	Ί	Λ	Υ	Ι	Λ
Ρ	Δ	Λ	Έ	Μ	Μ	Ρ	Μ	Ε	Κ	Ό	Π	Σ	Π
Π	Λ	Ε	Ί	Ο	Έ	Ι	Ρ	Ι	Τ	Γ	Ο	Τ	Ω
Α	Ρ	Χ	Ε	Ί	Ο	Ν	Κ	Α	Υ	Ι	Λ	Ι	Ο
Π	Ι	Έ	Ί	Μ	Μ	Έ	Α	Ό	Ο	Ο	Ο	Κ	Β
Π	Ε	Ρ	Ι	Ή	Γ	Η	Σ	Η	Σ	Υ	Γ	Ή	Γ
Α	Η	Ε	Ω	Ν	Ν	Ε	Ι	Κ	Ο	Ν	Ι	Κ	Ή
Γ	Α	Υ	Ο	Υ	Δ	Ρ	Ο	Μ	Ε	Α	Σ	Η	Ί
Δ	Ν	Ν	Ε	Μ	Π	Ί	Ε	Ι	Π	Χ	Τ	Δ	Ε
Έ	Υ	Α	Η	Α	Ο	Θ	Ό	Ν	Η	Ί	Ή	Π	Τ

ΙΣΤΟΛΌΓΙΟ
ΠΕΡΙΉΓΗΣΗΣ
ΥΠΟΛΟΓΙΣΤΉ
ΔΡΟΜΕΑΣ
ΔΕΔΟΜΈΝΑ
ΨΗΦΙΑΚΉ
ΑΡΧΕΊΟ
ΔΙΑΔΊΚΤΥΟ

ΜΉΝΥΜΑ
ΈΡΕΥΝΑ
ΟΘΌΝΗ
ΑΣΦΆΛΕΙΑ
ΛΟΓΙΣΜΙΚΌ
ΣΤΑΤΙΣΤΙΚΉ
ΕΙΚΟΝΙΚΉ
ΪΟΣ

90 - Arte

```
Δ  Ε  Σ  Ζ  Ω  Γ  Ρ  Α  Φ  Ι  Κ  Ή  Σ  Π
Ο  Ι  Μ  Ύ  Χ  Ρ  Α  Ρ  Χ  Ι  Κ  Ή  Ο  Μ
Υ  Η  Ά  Π  Μ  Ο  Α  Π  Ρ  Ω  Ε  Π  Υ  Γ
Ι  Ρ  Ο  Θ  Ν  Β  Ο  Ρ  Ρ  Υ  Ρ  Ο  Ρ  Α
Ί  Σ  Έ  Ξ  Ε  Ε  Ο  Ί  Ψ  Δ  Α  Ί  Ε  Έ
Δ  Α  Π  Λ  Ό  Σ  Υ  Λ  Λ  Ω  Μ  Ξ  Α  Κ
Σ  Λ  Τ  Ω  Χ  Ύ  Η  Σ  Ο  Π  Ι  Υ  Λ  Φ
Ω  Ι  Ν  Λ  Έ  Ν  Ι  Π  Μ  Β  Κ  Δ  Ι  Ρ
Π  Σ  Λ  Λ  Ρ  Θ  Υ  Ε  Ξ  Έ  Ή  Λ  Σ  Α
Ο  Ε  Λ  Ε  Έ  Ε  Ρ  Ί  Ρ  Α  Ν  Π  Μ  Σ
Ί  Θ  Έ  Μ  Α  Σ  Ύ  Ν  Θ  Ε  Τ  Η  Ό  Η
Η  Β  Σ  Σ  Π  Η  Χ  Ν  Ί  Δ  Ο  Υ  Σ  Ι
Σ  Ι  Ω  Γ  Λ  Υ  Π  Τ  Ι  Κ  Ή  Ο  Μ  Τ
Η  Δ  Η  Μ  Ι  Ο  Υ  Ρ  Γ  Ώ  Δ  Ε  Α  Ω
```

ΚΕΡΑΜΙΚΉ	ΠΟΊΗΣΗ
ΣΎΝΘΕΤΗ	ΓΛΥΠΤΙΚΉ
ΣΎΝΘΕΣΗ	ΑΠΛΌΣ
ΔΗΜΙΟΥΡΓΏ	ΣΎΜΒΟΛΟ
ΖΩΓΡΑΦΙΚΉ	ΘΈΜΑ
ΈΚΦΡΑΣΗ	ΣΟΥΡΕΑΛΙΣΜΌΣ
ΕΜΠΝΕΥΣΜΈΝΗ	ΔΙΆΘΕΣΗ
ΑΡΧΙΚΉ	

91 - Meteo

```
Π  Χ  Κ  Τ  Α  Ε  Ρ  Ά  Κ  Ι  Ο  Μ  Α  Έ
Ο  Ι  Α  Θ  Ρ  Ω  Π  Ν  Λ  Β  Μ  Ο  Τ  Ξ
Λ  Ο  Τ  Ο  Ε  Ο  Ι  Λ  Ί  Ρ  Ί  Υ  Μ  Β
Ι  Υ  Α  Υ  Υ  Ρ  Π  Τ  Μ  Ο  Χ  Σ  Ό  Λ
Κ  Ρ  Ι  Ρ  Ψ  Ρ  Μ  Ι  Α  Ν  Λ  Ώ  Σ  Ξ
Ή  Ι  Γ  Α  Ψ  Ί  Ά  Ο  Κ  Τ  Η  Ν  Φ  Η
Ω  Κ  Ί  Ν  Λ  Δ  Λ  Ν  Κ  Ή  Ξ  Α  Α  Ρ
Η  Α  Δ  Ό  Ξ  Η  Ρ  Ό  Ι  Ρ  Ψ  Σ  Ι  Α
Ρ  Ν  Α  Σ  Τ  Ρ  Α  Π  Ή  Ο  Α  Η  Ρ  Σ
Ε  Α  Π  Ά  Γ  Ο  Σ  Ί  Χ  Χ  Τ  Σ  Α  Ί
Μ  Σ  Ύ  Ν  Ν  Ε  Φ  Ο  Υ  Ι  Σ  Ό  Ί  Α
Ί  Ά  Ν  Ε  Μ  Ο  Σ  Α  Λ  Χ  Η  Ο  Ξ  Α
Α  Χ  Ω  Μ  Ξ  Έ  Δ  Ρ  Ρ  Μ  Σ  Ξ  Ξ  Ο
Β  Ε  Έ  Ο  Ψ  Έ  Ρ  Δ  Ν  Α  Έ  Η  Σ  Ι
```

ΟΥΡΆΝΙΟ ΤΟΞΟ
ΞΗΡΌ
ΑΤΜΌΣΦΑΙΡΑ
ΑΕΡΆΚΙ
ΗΡΕΜΊΑ
ΟΥΡΑΝΌΣ
ΚΛΊΜΑ
ΑΣΤΡΑΠΉ
ΠΆΓΟΣ
ΜΟΥΣΏΝΑΣ

ΟΜΊΧΛΗ
ΣΎΝΝΕΦΟ
ΠΟΛΙΚΉ
ΞΗΡΑΣΊΑ
ΘΕΡΜΟΚΡΑΣΊΑ
ΚΑΤΑΙΓΊΔΑ
ΤΡΟΠΙΚΉ
ΒΡΟΝΤΉ
ΧΙΟΥΡΙΚΑΝΑΣ
ΆΝΕΜΟΣ

92 - Corpo Umano

Α	Γ	Κ	Ώ	Ν	Α	Σ	Χ	Π	Π	Α	Μ	Α	Λ
Π	Γ	Λ	Α	Ι	Μ	Ό	Σ	Μ	Η	Σ	Υ	Ί	Β
Α	Ρ	Β	Π	Ρ	Χ	Έ	Ρ	Ι	Γ	Τ	Α	Μ	Κ
Ί	Γ	Ό	Δ	Ψ	Δ	Ί	Ω	Μ	Ο	Ρ	Λ	Α	Ε
Δ	Τ	Ο	Σ	Υ	Τ	Ι	Ε	Ρ	Ύ	Ά	Ό	Χ	Φ
Π	Ο	Χ	Τ	Ω	Σ	Υ	Ά	Δ	Ν	Γ	Σ	Ω	Ά
Γ	Ρ	Υ	Ο	Ε	Π	Μ	Ά	Τ	Ι	Α	Υ	Α	Λ
Δ	Έ	Ρ	Μ	Α	Μ	Ο	Ύ	Τ	Η	Λ	Ώ	Έ	Ι
Γ	Τ	Ρ	Ά	Π	Ό	Δ	Ι	Τ	Ξ	Ο	Μ	Ι	Γ
Ό	Δ	Ά	Χ	Τ	Υ	Λ	Ο	Δ	Η	Σ	Ο	Ο	Ω
Ν	Π	Τ	Ι	Β	Η	Ω	Α	Ι	Η	Τ	Σ	Α	Ψ
Α	Υ	Τ	Ί	Λ	Ξ	Ψ	Μ	Β	Γ	Ό	Β	Ί	Λ
Τ	Γ	Ε	Ξ	Έ	Π	Β	Π	Ι	Δ	Μ	Ί	Ρ	Α
Ο	Χ	Ε	Υ	Χ	Ξ	Ν	Τ	Ρ	Ί	Α	Τ	Β	Ω

ΣΤΌΜΑ

ΑΣΤΡΆΓΑΛΟΣ

ΜΥΑΛΌ

ΛΑΙΜΌΣ

ΚΑΡΔΙΆ

ΔΆΧΤΥΛΟ

ΠΡΌΣΩΠΟ

ΠΌΔΙ

ΓΌΝΑΤΟ

ΑΓΚΏΝΑ

ΧΈΡΙ

ΠΗΓΟΎΝΙ

ΜΎΤΗ

ΜΆΤΙ

ΑΥΤΊ

ΔΈΡΜΑ

ΑΊΜΑ

ΏΜΟΣ

ΣΤΟΜΆΧΙ

ΚΕΦΆΛΙ

93 - Mammiferi

```
Γ Ά Τ Α Δ Ε Τ Ν Ι Ο Χ Γ Ο Ί
Α Ο Β Λ Δ Λ Λ Ι Ο Ν Τ Ά Ρ Ι
Λ Ρ Ρ Υ Ί Ά Ύ Έ Έ Ν Ί Λ Έ Κ
Ε Ζ Κ Ί Ί Φ Κ Λ Φ Μ Λ Ο Γ Ο
Π Έ Υ Ο Λ Ι Ο Α Η Α Ρ Γ Ψ Γ
Ο Β Ξ Λ Ύ Α Σ Ρ Τ Ν Ν Ο Τ Ι
Ύ Ρ Δ Τ Σ Σ Ε Δ Ε Υ Τ Υ Ό
Δ Α Δ Η Τ Μ Α Ϊ Μ Ο Ύ Π Α Τ
Κ Α Μ Η Λ Ο Π Ά Ρ Δ Α Λ Η Σ
Κ Ο Υ Ν Έ Λ Ι Δ Ε Λ Φ Ί Ν Ι
Β Φ Ά Λ Α Ι Ν Α Λ Ί Α Υ Η Π
Λ Α Ψ Χ Τ Α Ύ Ρ Ο Σ Τ Π Β Ψ
Π Ρ Ό Β Α Τ Ο Σ Κ Ύ Λ Ο Σ Χ
Έ Κ Α Γ Κ Ο Υ Ρ Ό Γ Χ Ο Β Ί
```

ΦΆΛΑΙΝΑ	ΚΑΜΗΛΟΠΆΡΔΑΛΗ
ΣΚΎΛΟΣ	ΓΟΡΊΛΑΣ
ΚΑΓΚΟΥΡΌ	ΛΙΟΝΤΆΡΙ
ΆΛΟΓΟ	ΛΎΚΟΣ
ΕΛΆΦΙ	ΑΡΚΟΎΔΑ
ΚΟΥΝΈΛΙ	ΠΡΌΒΑΤΟ
ΚΟΓΙΌΤ	ΜΑΪΜΟΎ
ΔΕΛΦΊΝΙ	ΤΑΎΡΟΣ
ΕΛΈΦΑΝΤΑΣ	ΑΛΕΠΟΎ
ΓΆΤΑ	ΖΈΒΡΑ

94 - Arrampicata

```
Ί  Υ  Τ  Ο  Ν  Σ  Κ  Ρ  Ά  Ν  Ο  Σ  Υ  Τ
Έ  Έ  Π  Κ  Δ  Π  Χ  Τ  Έ  Σ  Ω  Α  Ψ  Ρ
Ρ  Μ  Ι  Α  Η  Η  Ω  Ξ  Ί  Π  Τ  Ι  Ό  Α
Ν  Δ  Τ  Τ  Ρ  Π  Γ  Σ  Τ  Ε  Ν  Ό  Μ  Υ
Π  Α  Ί  Ά  Τ  Ρ  Ά  Ο  Ί  Ζ  Σ  Έ  Ε  Μ
Σ  Ε  Μ  Ρ  Ψ  Ο  Ν  Χ  Ί  Ο  Π  Δ  Τ  Α
Χ  Ά  Ρ  Τ  Η  Β  Τ  Τ  Α  Π  Ή  Α  Ρ  Τ
Φ  Υ  Σ  Ι  Κ  Ή  Ι  Α  Λ  Ο  Λ  Φ  Ο  Ι
Υ  Ρ  Α  Σ  Έ  Ο  Α  Μ  Τ  Ρ  Α  Ο  Ρ  Σ
Ω  Ο  Η  Η  Η  Ρ  Ω  Ο  Λ  Ί  Ι  Σ  Δ  Μ
Δ  Ύ  Ν  Α  Μ  Η  Γ  Α  Ο  Α  Ο  Ψ  Δ  Ό
Η  Ω  Ω  Σ  Τ  Α  Θ  Ε  Ρ  Ό  Τ  Η  Τ  Α
Ψ  Α  Τ  Μ  Ό  Σ  Φ  Α  Ι  Ρ  Α  Γ  Υ  Υ
Μ  Ψ  Μ  Π  Ό  Τ  Ε  Σ  Ο  Α  Ί  Υ  Έ  Ο
```

ΥΨΌΜΕΤΡΟ
ΑΤΜΌΣΦΑΙΡΑ
ΚΡΆΝΟΣ
ΠΕΡΙΈΡΓΕΙΑ
ΠΕΖΟΠΟΡΊΑ
ΦΥΣΙΚΉ
ΚΑΤΆΡΤΙΣΗ
ΔΎΝΑΜΗ
ΣΠΉΛΑΙΟ

ΓΆΝΤΙΑ
ΟΔΗΓΟΊ
ΤΡΑΥΜΑΤΙΣΜΌ
ΧΆΡΤΗ
ΣΤΑΘΕΡΌΤΗΤΑ
ΜΠΌΤΕΣ
ΣΤΕΝΌ
ΈΔΑΦΟΣ

95 - Animali Domestici

```
Η  Β  Β  Δ  Δ  Ξ  Σ  Κ  Ύ  Λ  Ο  Σ  Τ  Σ
Κ  Ψ  Ο  Υ  Ρ  Ά  Ξ  Ο  Γ  Π  Χ  Β  Ρ  Α
Β  Τ  Β  Π  Χ  Ο  Υ  Υ  Ξ  Ό  Έ  Ο  Ο  Ύ
Χ  Η  Η  Ο  Τ  Χ  Ρ  Τ  Ψ  Δ  Ε  Τ  Φ  Ρ
Π  Χ  Η  Ν  Γ  Β  Έ  Ά  Λ  Ι  Σ  Ε  Ή  Α
Α  Ε  Ξ  Τ  Ί  Κ  Μ  Β  Ρ  Α  Β  Λ  Α  Π
Π  Λ  Ν  Ί  Δ  Α  Ο  Ι  Χ  Η  Έ  Β  Γ  Α
Α  Ώ  Λ  Κ  Α  Ξ  Τ  Λ  Ψ  Ά  Ρ  Ι  Ε  Ν
Γ  Ν  Α  Ι  Ψ  Β  Η  Ρ  Ά  Δ  Α  Β  Λ  Δ
Ά  Α  Λ  Ο  Υ  Ρ  Ί  Ξ  Ο  Ρ  Γ  Ι  Ά  Γ
Λ  Γ  Τ  Ψ  Γ  Μ  Χ  Υ  Π  Σ  Ο  Ρ  Δ  Ά
Ο  Ο  Μ  Ά  Κ  Ο  Υ  Ν  Έ  Λ  Ι  Ε  Α  Τ
Σ  Τ  Δ  Ν  Κ  Ν  Ε  Ρ  Ό  Τ  Ω  Δ  Μ  Α
Ρ  Ω  Λ  Β  Ψ  Ι  Χ  Ά  Μ  Σ  Τ  Ε  Ρ  Σ
```

ΝΕΡΌ
ΣΚΎΛΟΣ
ΓΊΔΑ
ΤΡΟΦΉ
ΟΥΡΆ
ΚΟΛΆΡΟ
ΚΟΥΝΈΛΙ
ΧΆΜΣΤΕΡ
ΚΟΥΤΆΒΙ
ΓΑΤΆΚΙ

ΓΆΤΑ
ΛΟΥΡΊ
ΣΑΎΡΑ
ΑΓΕΛΆΔΑ
ΠΑΠΑΓΆΛΟΣ
ΨΆΡΙ
ΧΕΛΏΝΑ
ΠΟΝΤΊΚΙ
ΚΤΗΝΊΑΤΡΟΣ
ΠΌΔΙΑ

96 - Cucina

```
Μ  Ο  Ο  Β  Η  Ξ  Α  Λ  Γ  Ι  Ο  Π  Σ  Ξ
Λ  Π  Β  Ν  Κ  Α  Ί  Δ  Έ  Ε  Τ  Ι  Φ  Α
Ψ  Μ  Ο  Μ  Α  Χ  Α  Ί  Ρ  Ι  Α  Ρ  Ο  Ο
Υ  Π  Π  Λ  Ν  Ι  Σ  Ψ  Ρ  Ι  Γ  Ο  Υ  Δ
Γ  Α  Ψ  Σ  Ά  Τ  Κ  Ί  Δ  Ο  Δ  Ύ  Γ  Ν
Ε  Χ  Υ  Δ  Τ  Ρ  Ο  Φ  Ή  Χ  Ξ  Ν  Γ  Έ
Ί  Α  Υ  Δ  Α  Ω  Υ  Ν  Π  Ο  Δ  Ι  Ά  Ξ
Ο  Ρ  Β  Ρ  Α  Σ  Τ  Ή  Ρ  Α  Σ  Α  Ρ  Υ
Υ  Ι  Ο  Έ  Ε  Ε  Ά  Δ  Ν  Ί  Υ  Δ  Ι  Λ
Τ  Κ  Ύ  Π  Ε  Λ  Λ  Α  Η  Ρ  Ν  Τ  Ρ  Ά
Β  Ό  Ω  Η  Έ  Υ  Α  Ί  Έ  Ν  Τ  Ε  Χ  Κ
Φ  Ο  Ύ  Ρ  Ν  Ο  Σ  Χ  Ά  Ρ  Α  Ο  Ρ  Ι
Κ  Ο  Υ  Τ  Ά  Λ  Ι  Α  Ε  Ε  Γ  Τ  Υ  Α
Ο  Ι  Σ  Ι  Η  Χ  Ο  Ε  Η  Α  Ή  Ψ  Ω  Δ
```

ΞΥΛΆΚΙΑ
ΒΡΑΣΤΉΡΑΣ
ΚΑΝΆΤΑ
ΤΡΟΦΉ
ΜΠΟΛ
ΜΑΧΑΊΡΙΑ
ΚΟΥΤΆΛΙΑ
ΠΙΡΟΎΝΙΑ
ΦΟΎΡΝΟΣ

ΨΥΓΕΊΟ
ΠΟΔΙΆ
ΣΧΆΡΑ
ΚΟΥΤΆΛΑ
ΣΥΝΤΑΓΉ
ΜΠΑΧΑΡΙΚΌ
ΣΦΟΥΓΓΆΡΙ
ΚΎΠΕΛΛΑ

97 - Vacanze #2

```
Τ  Ρ  Έ  Ν  Ο  Π  Θ  Τ  Γ  Α  Α  Μ  Δ  Χ
Α  Π  Ν  Ι  Τ  Α  Ά  Α  Τ  Ν  Ε  Ε  Ι  Ά
Ξ  Έ  Ν  Ο  Δ  Ρ  Λ  Ξ  Έ  Α  Ρ  Τ  Α  Ρ
Ί  Υ  Π  Ψ  Ξ  Α  Α  Ί  Β  Ψ  Ο  Α  Β  Τ
Δ  Ί  Ξ  Ρ  Ω  Λ  Σ  Ο  Ν  Υ  Δ  Φ  Α  Η
Ι  Υ  Ε  Ψ  Τ  Ί  Σ  Κ  Ν  Χ  Ρ  Ο  Τ  Σ
Υ  Ω  Ν  Χ  Ψ  Α  Α  Ά  Γ  Ή  Ό  Ρ  Ή  Χ
Π  Ρ  Ο  Ο  Ρ  Ι  Σ  Μ  Ό  Σ  Μ  Ά  Ρ  Β
Β  Ν  Δ  Ί  Ξ  Ω  Γ  Π  Η  Β  Ι  Α  Ι  Ο
Χ  Η  Ο  Λ  Γ  Ψ  Ξ  Ι  Λ  Β  Ο  Ψ  Ο  Υ
Μ  Σ  Χ  Υ  Η  Ν  Π  Ν  Σ  Κ  Η  Ν  Ή  Ν
Ί  Ί  Ε  Η  Χ  Ν  Μ  Γ  Ρ  Η  Ο  Μ  Β  Ά
Ν  Β  Ί  Ζ  Α  Ε  Σ  Κ  Τ  Ί  Υ  Ξ  Ρ  Γ
Γ  Λ  Ο  Ε  Σ  Τ  Ι  Α  Τ  Ό  Ρ  Ι  Ο  Ξ
```

ΑΕΡΟΔΡΌΜΙΟ	ΠΑΡΑΛΊΑ
ΚΆΜΠΙΝΓΚ	ΞΈΝΟ
ΠΡΟΟΡΙΣΜΌΣ	ΤΑΞΊ
ΞΕΝΟΔΟΧΕΊΟ	ΑΝΑΨΥΧΉ
ΝΗΣΊ	ΣΚΗΝΉ
ΧΆΡΤΗ	ΜΕΤΑΦΟΡΆ
ΘΆΛΑΣΣΑ	ΤΡΈΝΟ
ΒΟΥΝΆ	ΤΑΞΊΔΙ
ΔΙΑΒΑΤΉΡΙΟ	ΒΊΖΑ
ΕΣΤΙΑΤΌΡΙΟ	

98 - Attività

```
Δ  Β  Μ  Κ  Ά  Μ  Π  Ι  Ν  Γ  Κ  Α  Έ  Ε
Ρ  Ι  Α  Υ  Ε  Χ  Α  Λ  Ά  Ρ  Ω  Σ  Η  Π
Α  Ο  Γ  Ν  Έ  Ρ  Π  Δ  Τ  Ο  Ί  Χ  Π  Ι
Σ  Τ  Ε  Ή  Ω  Φ  Α  Ψ  Ά  Ρ  Ε  Μ  Α  Δ
Τ  Ε  Ί  Γ  Ξ  Ω  Ζ  Μ  Τ  Τ  Μ  Σ  Ι  Ε
Η  Χ  Α  Ι  Α  Τ  Λ  Β  Ι  Ί  Γ  Υ  Χ  Ξ
Ρ  Ν  Σ  Ι  Ί  Ο  Σ  Μ  Ε  Κ  Ψ  Μ  Ν  Ι
Ι  Ί  Α  Ν  Ά  Γ  Ν  Ω  Σ  Η  Ή  Φ  Ί  Ό
Ό  Α  Ψ  Τ  Ξ  Ρ  Χ  Ψ  Τ  Ν  Π  Έ  Δ  Τ
Τ  Έ  Χ  Ν  Η  Α  Ά  Ο  Η  Μ  Έ  Ρ  Ι  Η
Η  Β  Ι  Ψ  Χ  Φ  Ι  Ψ  Ι  Σ  Δ  Ο  Α  Τ
Τ  Τ  Γ  Ψ  Γ  Ί  Τ  Ψ  Ι  Ε  Ν  Ν  Ι  Α
Α  Μ  Ε  Υ  Ι  Α  Α  Η  Ω  Μ  Χ  Τ  Ρ  Λ
Κ  Η  Π  Ο  Υ  Ρ  Ι  Κ  Ή  Υ  Ο  Α  Γ  Έ
```

ΕΠΙΔΕΞΙΌΤΗΤΑ
ΤΈΧΝΗ
ΒΙΟΤΕΧΝΊΑ
ΔΡΑΣΤΗΡΙΌΤΗΤΑ
ΚΥΝΉΓΙ
ΚΆΜΠΙΝΓΚ
ΚΕΡΑΜΙΚΉ
ΡΆΨΙΜΟ
ΦΩΤΟΓΡΑΦΊΑ

ΚΗΠΟΥΡΙΚΉ
ΠΑΙΧΝΊΔΙΑ
ΣΥΜΦΈΡΟΝΤΑ
ΑΝΆΓΝΩΣΗ
ΜΑΓΕΊΑ
ΨΆΡΕΜΑ
ΠΑΖΛ
ΧΑΛΆΡΩΣΗ

99 - Forniture Artistiche

```
Υ  Γ  Ι  Λ  Κ  Π  Χ  Χ  Κ  Γ  Δ  Ο  Α  Κ
Π  Ψ  Λ  Ί  Ά  Α  Α  Μ  Ν  Ό  Υ  Χ  Έ  Α
Λ  Ά  Δ  Ι  Ρ  Σ  Ρ  Α  Γ  Μ  Λ  Μ  Μ  Β
Τ  Δ  Υ  Δ  Β  Τ  Τ  Ξ  Τ  Α  Β  Λ  Ρ  Α
Λ  Ο  Έ  Έ  Ο  Έ  Ί  Η  Ξ  Η  Ρ  Ξ  Α  Λ
Έ  Μ  Β  Α  Υ  Λ  Χ  Ρ  Ώ  Μ  Α  Τ  Α  Έ
Μ  Έ  Ξ  Ί  Ν  Μ  Α  Η  Ξ  Γ  Μ  Ρ  Λ  Τ
Ε  Π  Α  Κ  Ο  Υ  Α  Ρ  Έ  Λ  Ε  Σ  Ρ  Ο
Λ  Ν  Ι  Τ  Ρ  Α  Π  Έ  Ζ  Ι  Ψ  Ί  Η  Ι
Ά  Β  Ε  Ν  Γ  Ε  Ξ  Γ  Γ  Β  Τ  Υ  Ξ  Ο
Ν  Ψ  Ρ  Ρ  Έ  Α  Κ  Ρ  Υ  Λ  Ι  Κ  Ό  Π
Ι  Λ  Υ  Γ  Ό  Λ  Μ  Ο  Λ  Ύ  Β  Ι  Α  Ε
Ο  Π  Ο  Έ  Λ  Β  Ο  Κ  Α  Ρ  Έ  Κ  Λ  Α
Δ  Ψ  Η  Ω  Δ  Β  Α  Β  Ί  Ξ  Ε  Γ  Μ  Ν
```

ΝΕΡΌ	ΙΔΈΑ
ΑΚΟΥΑΡΈΛΕΣ	ΜΕΛΆΝΙ
ΑΚΡΥΛΙΚΌ	ΜΟΛΎΒΙΑ
ΚΆΡΒΟΥΝΟ	ΛΆΔΙ
ΧΑΡΤΊ	ΠΑΣΤΈΛ
ΚΑΒΑΛΈΤΟ	ΚΑΡΈΚΛΑ
ΚΌΛΛΑ	ΠΙΝΈΛΟ
ΧΡΏΜΑΤΑ	ΤΡΑΠΈΖΙ
ΓΌΜΑ	

100 - Misurazioni

```
Λ  Ξ  Ζ  Τ  Ό  Ν  Ο  Σ  Λ  Η  Σ  Σ  Ι  Χ
Ί  Η  Υ  Ε  Ν  Ξ  Υ  Ξ  Ε  Ω  Έ  Τ  Υ  Ι
Τ  Σ  Γ  Χ  Δ  Ξ  Ι  Μ  Π  Μ  Ά  Ζ  Α  Λ
Ρ  Ο  Ί  Ν  Τ  Σ  Α  Ν  Τ  Ή  Σ  Μ  Ψ  Ι
Ο  Υ  Ζ  Ν  Δ  Ω  Ν  Α  Ό  Κ  Ι  Έ  Β  Ό
Λ  Γ  Ω  Ε  Σ  Ε  Κ  Α  Τ  Ο  Σ  Τ  Ό  Μ
Δ  Γ  Υ  Ψ  Ο  Σ  Κ  Π  Ί  Σ  Χ  Ρ  Ξ  Ε
Χ  Ι  Λ  Ι  Ό  Γ  Ρ  Α  Μ  Μ  Ο  Ο  Β  Τ
Λ  Ά  Ε  Ω  Α  Π  Ρ  Β  Δ  Ω  Ε  Η  Ά  Ρ
Ψ  Η  Φ  Ι  Ο  Λ  Ε  Ξ  Η  Ι  Ε  Έ  Θ  Ο
Γ  Ρ  Α  Μ  Μ  Ά  Ρ  Ι  Ο  Λ  Κ  Β  Ο  Ν
Τ  Ί  Χ  Ε  Α  Τ  Ν  Β  Α  Θ  Μ  Ό  Σ  Ί
Ι  Υ  Ν  Σ  Π  Ο  Λ  Π  Υ  Έ  Υ  Α  Ε  Ί
Σ  Έ  Ν  Τ  Α  Σ  Η  Π  Μ  Τ  Μ  Β  Ψ  Ξ
```

ΥΨΟΣ	ΜΉΚΟΣ
ΨΗΦΙΟΛΕΞΗ	ΜΆΖΑ
ΕΚΑΤΟΣΤΟ	ΜΈΤΡΟ
ΧΙΛΙΌΓΡΑΜΜΟ	ΛΕΠΤΟ
ΧΙΛΙΌΜΕΤΡΟ	ΟΥΓΓΙΆ
ΔΕΚΑΔΙΚΌ	ΖΥΓΊΖΩ
ΒΑΘΜΌΣ	ΊΝΤΣΑ
ΓΡΑΜΜΆΡΙΟ	ΒΆΘΟΣ
ΠΛΆΤΟΣ	ΤΌΝΟΣ
ΛΊΤΡΟ	ΈΝΤΑΣΗ

1 - Scacchi

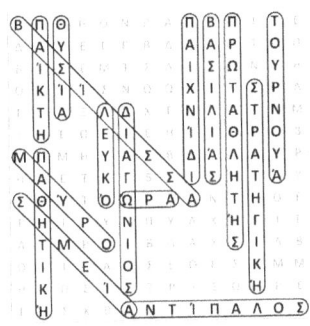

2 - Aggettivi #2

3 - Mobili

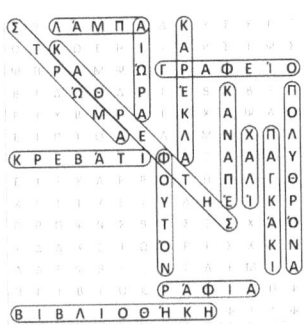

4 - Pesca

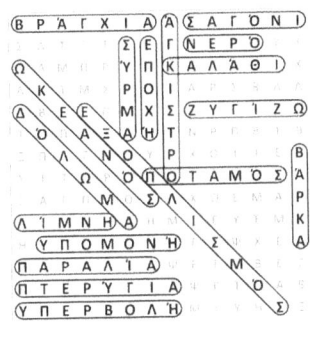

5 - Aggettivi #1

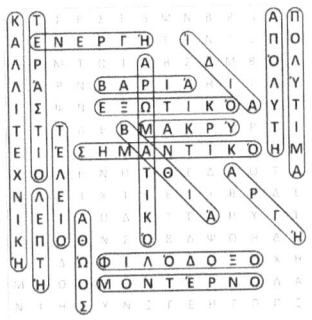

6 - Geologia

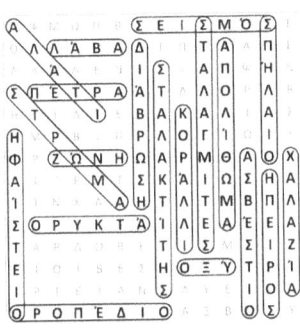

7 - Campeggio

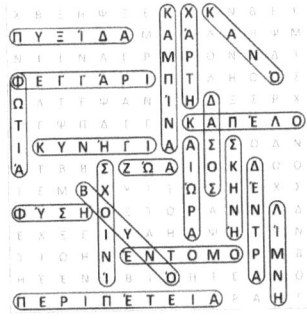

8 - Arti Visive

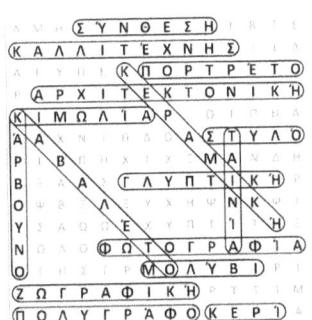

9 - Tempo

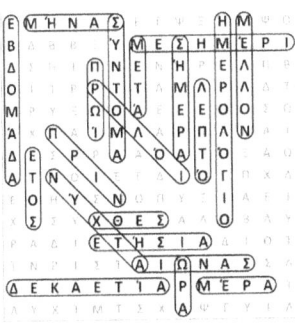

10 - Astronomia

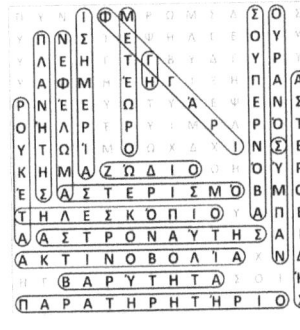

11 - Circo

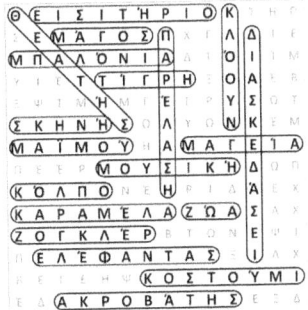

12 - Mitologia

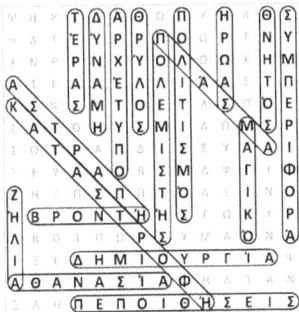

13 - Piante

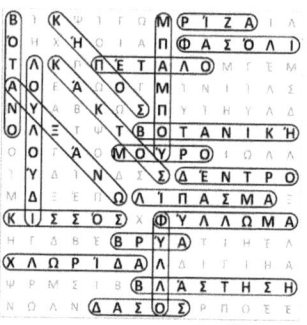

14 - Spezie

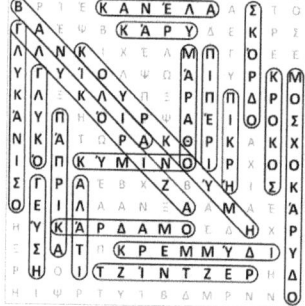

15 - Numeri

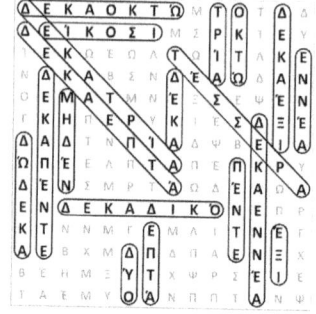

16 - Cioccolato

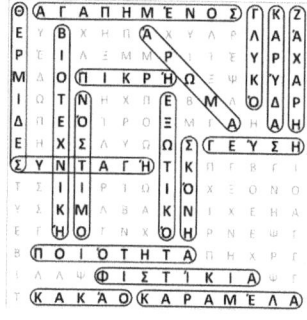

17 - Guida

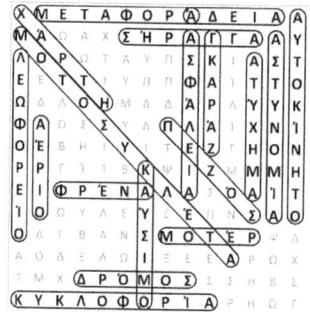

18 - Sport

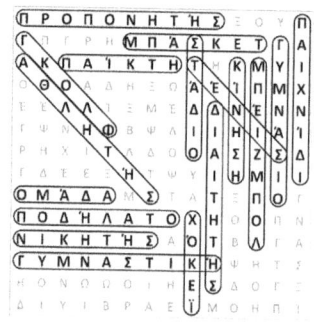

19 - Giocattoli

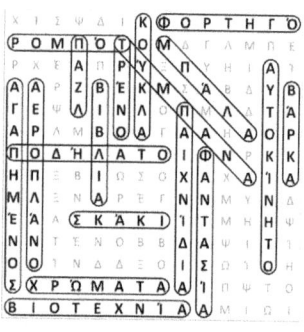

20 - Strumenti di Cottura

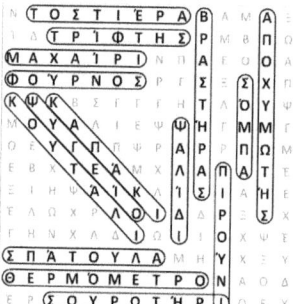

21 - Uccelli

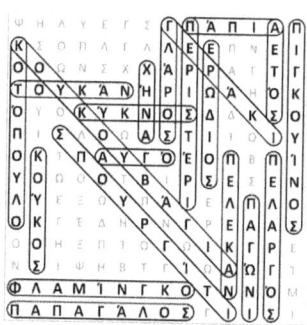

22 - Giorni e Mesi

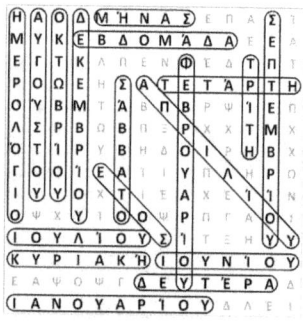

23 - Casa

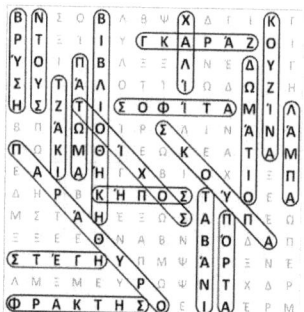

24 - Ristorante #1

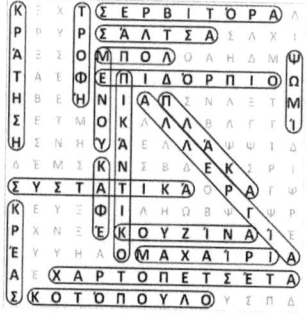

25 - Fantascienza

26 - Città

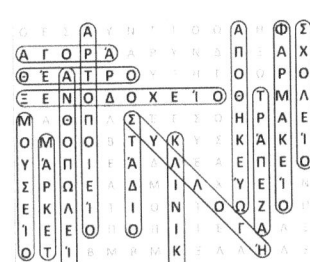
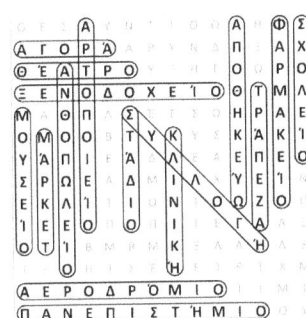

27 - Compleanno

28 - Fattoria #1

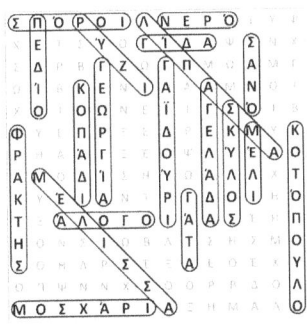

29 - Paesaggi

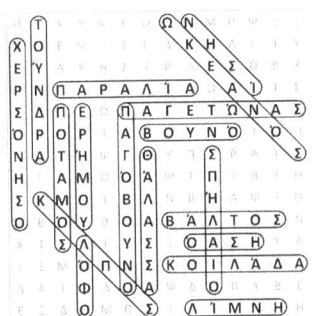

30 - Ristorante #2

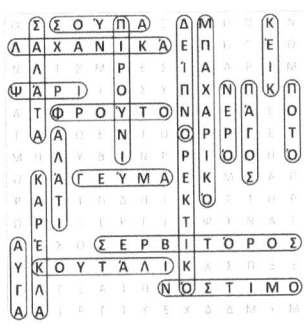

31 - Giardino

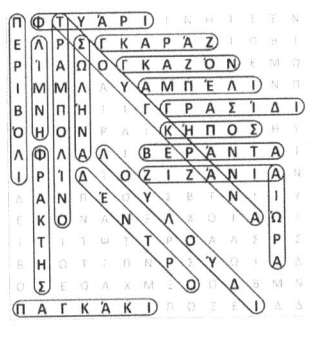

32 - Frutta

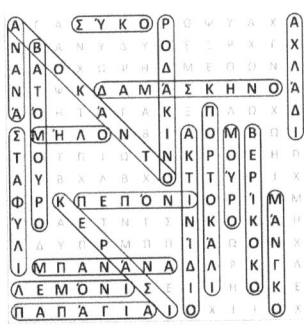

33 - Fattoria #2

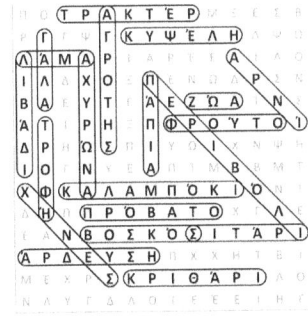

34 - Dinosauri

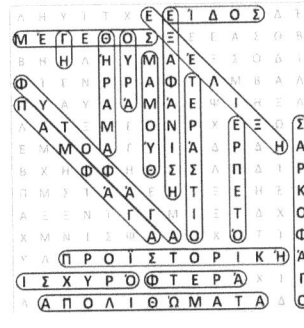

35 - Verdure

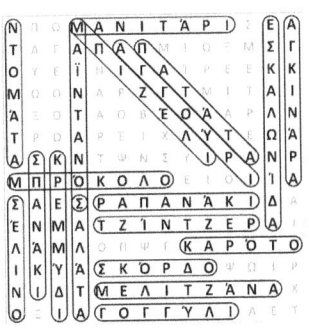

36 - Scuola #2

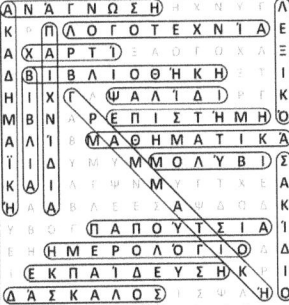

37 - Barbecue

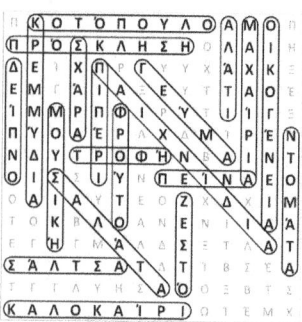

38 - Riempire

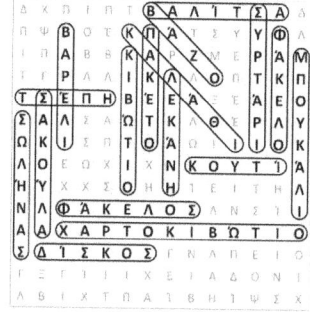

39 - Insetti

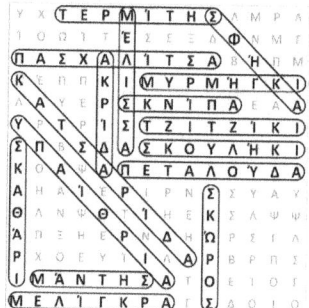

40 - Erboristeria

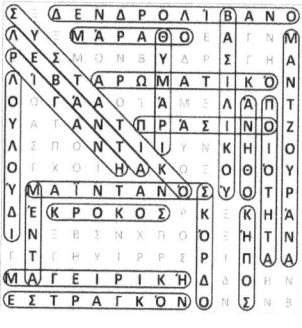

41 - Danza

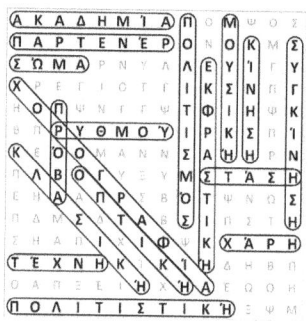

42 - Commedia

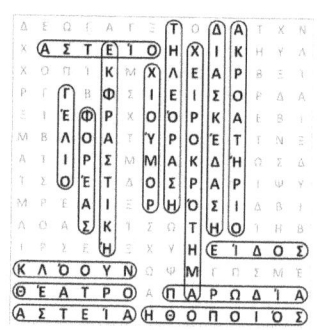

43 - Scuola #1

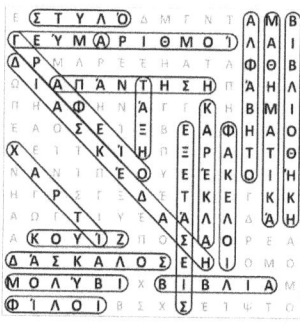

44 - Fiori

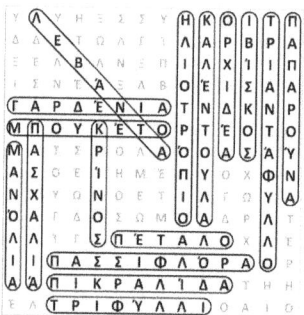

45 - Ecologia

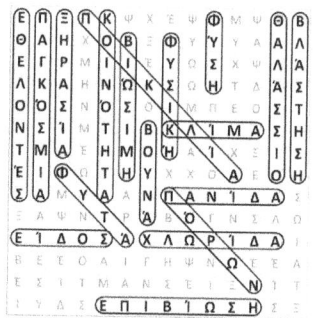

46 - Discipline Scientifiche

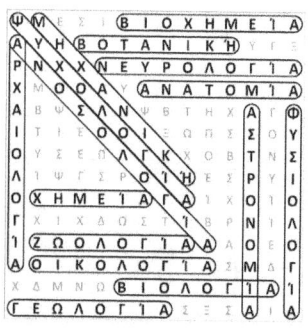

47 - Scienza

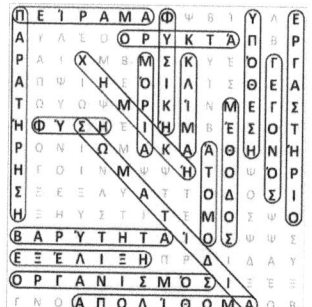

48 - Acqua

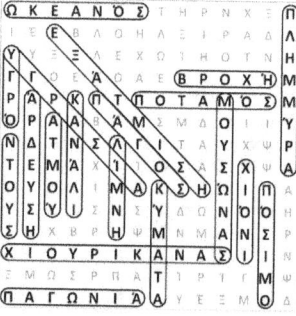

49 - Gatti

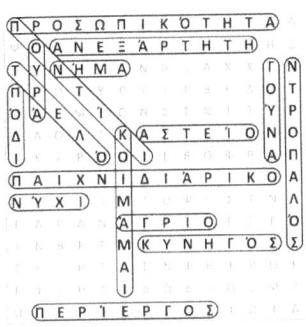

50 - Surf

51 - Imbarcazioni

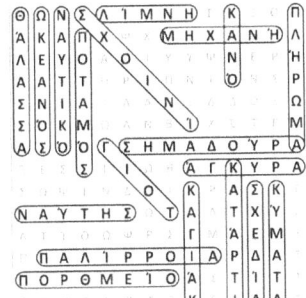

52 - Api

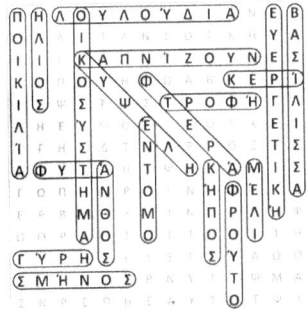

53 - Strumenti Musicali

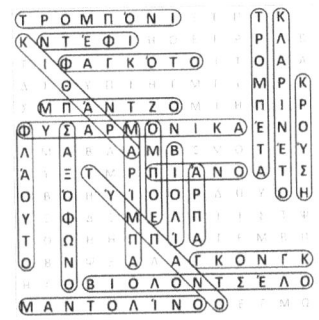

54 - Professioni #2

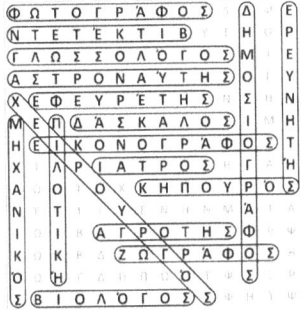

55 - Letteratura

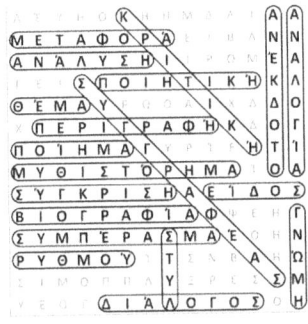

56 - Cibo #2

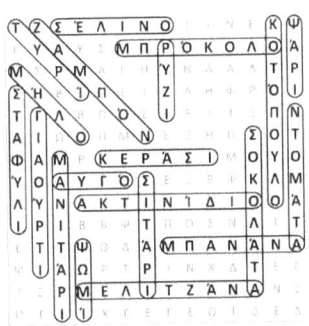

57 - Nutrizione

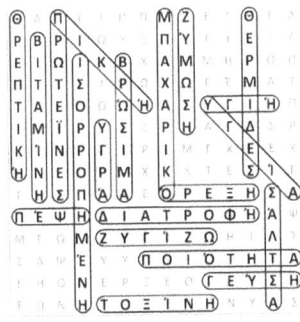

58 - Matematica

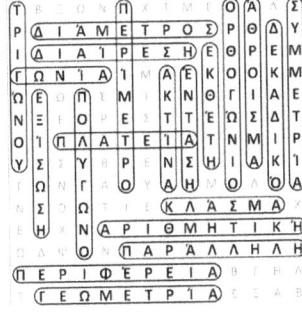

59 - Vacanza #1

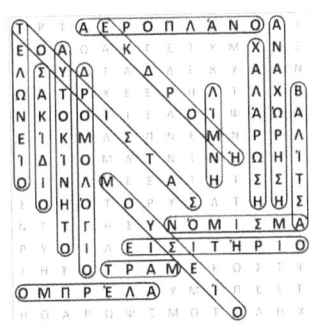

60 - Bagno

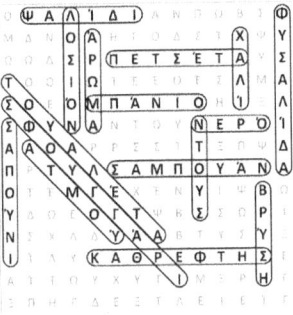

61 - Meditazione

62 - Estate

63 - Escursionismo

64 - Professioni #1

65 - Antartide

66 - Libri

67 - Geografia

68 - Cibo #1

69 - Aeroplani

70 - Pirati

71 - Colori

72 - Spiaggia

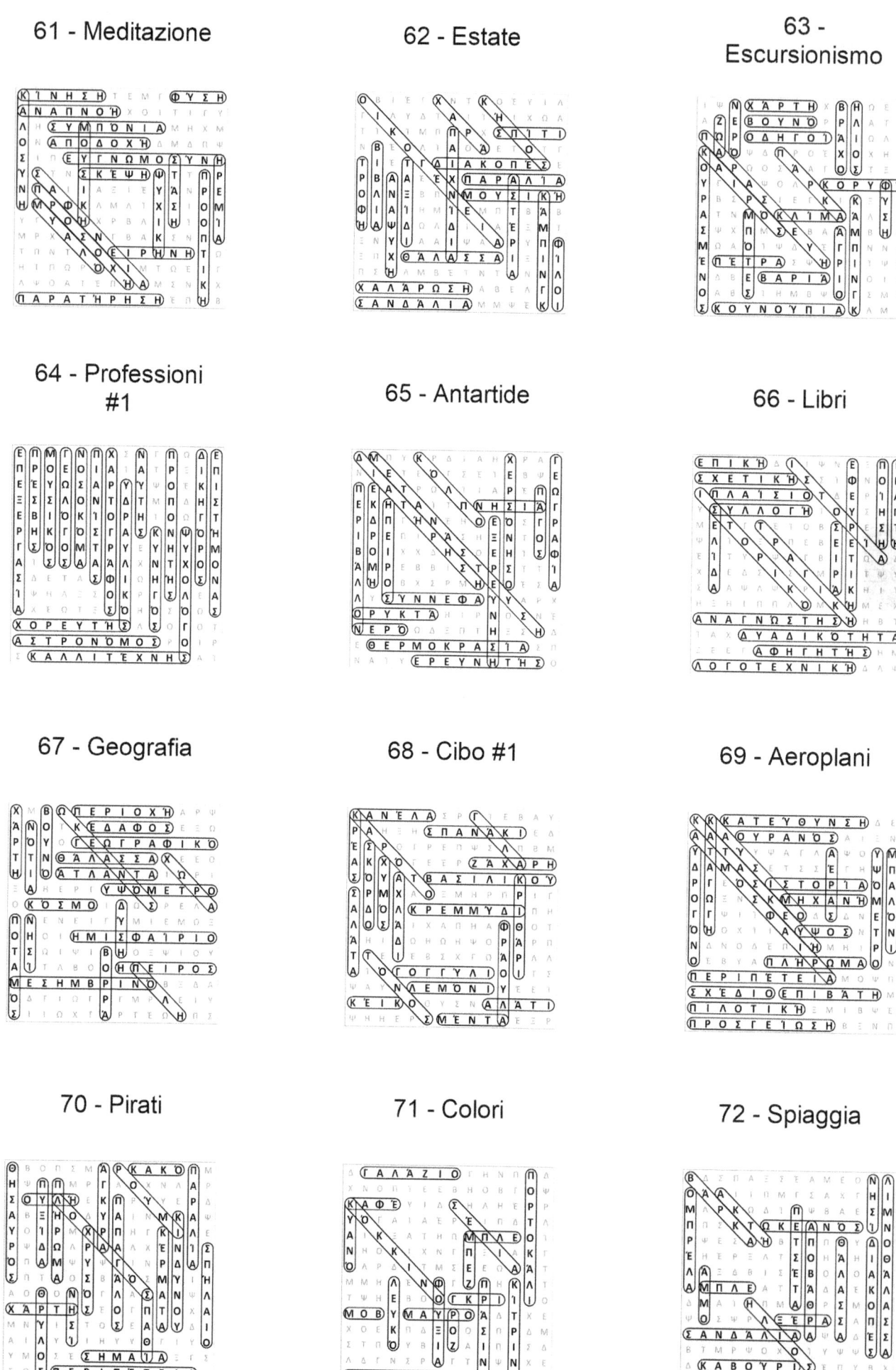

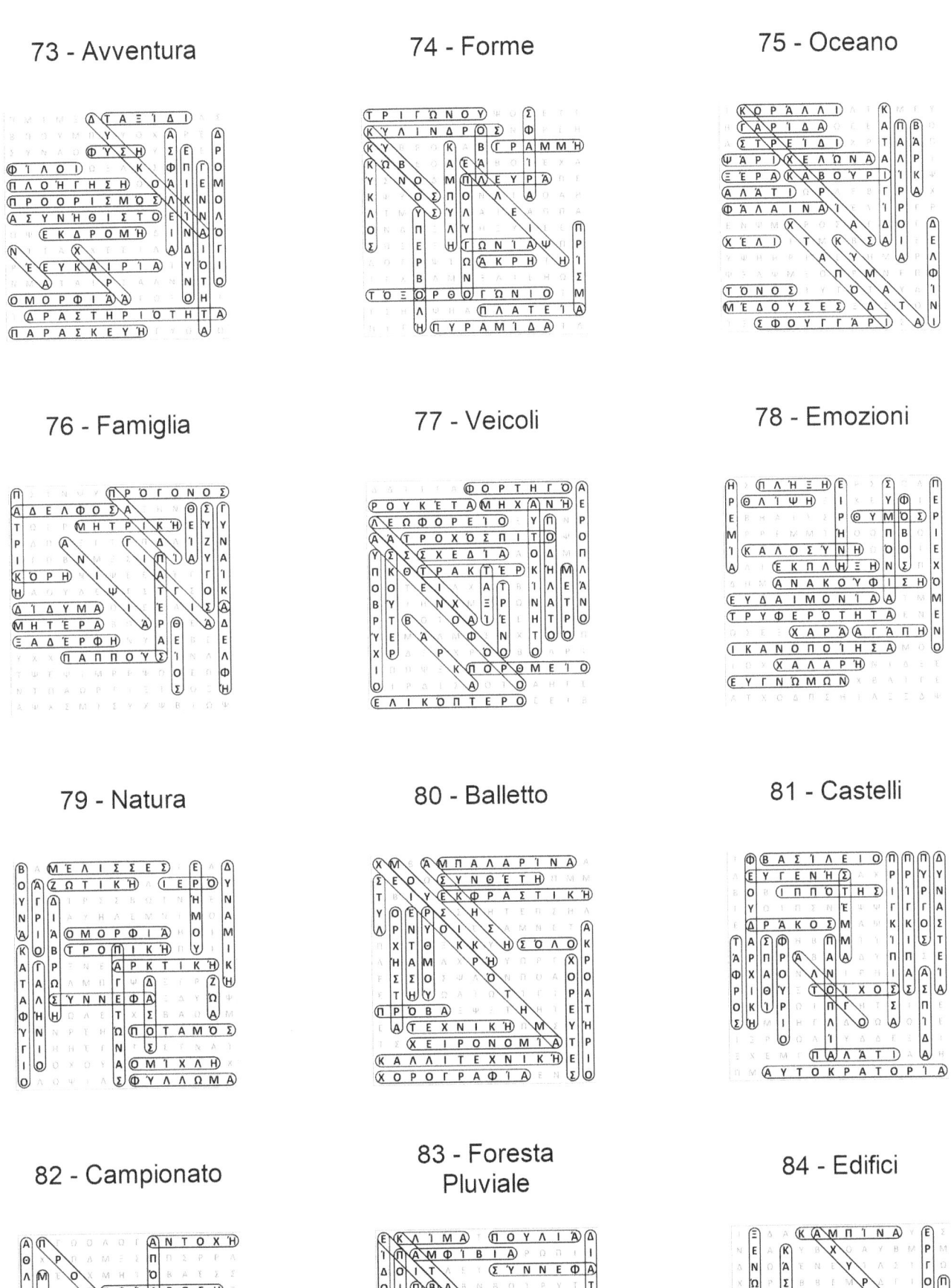

73 - Avventura

74 - Forme

75 - Oceano

76 - Famiglia

77 - Veicoli

78 - Emozioni

79 - Natura

80 - Balletto

81 - Castelli

82 - Campionato

83 - Foresta Pluviale

84 - Edifici

85 - Paesi #2

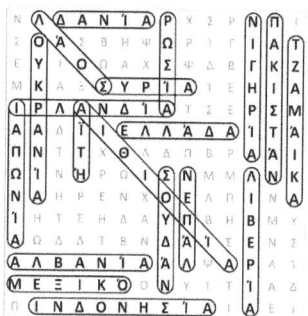

86 - Tipi di Capelli

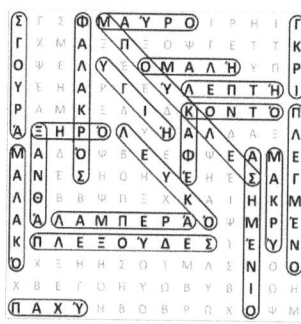

87 - Vestiti

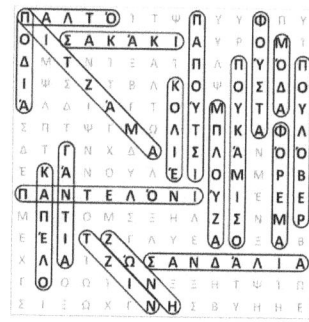

88 - Attività e Tempo Libero

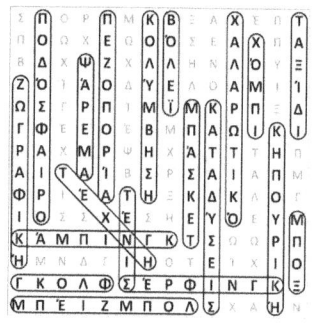

89 - Tecnologia

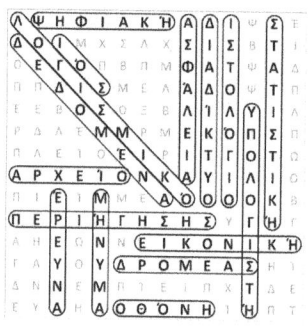

90 - Arte

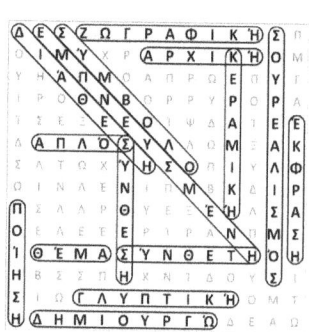

91 - Meteo

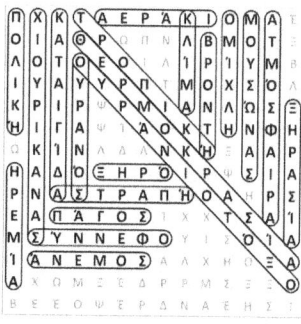

92 - Corpo Umano

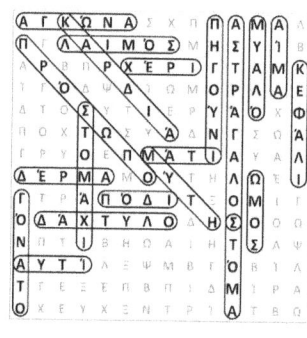

93 - Mammiferi

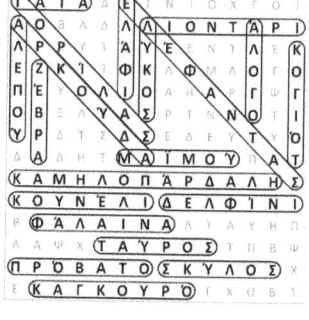

94 - Arrampicata

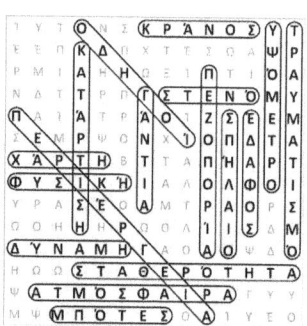

95 - Animali Domestici

96 - Cucina

97 - Vacanze #2

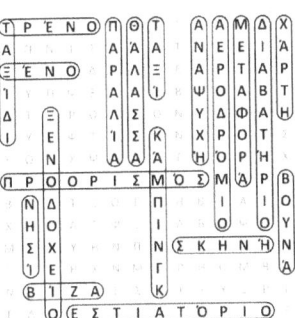

98 - Attività

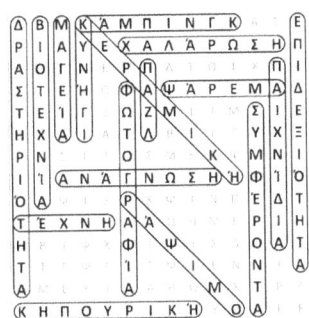

99 - Forniture Artistiche

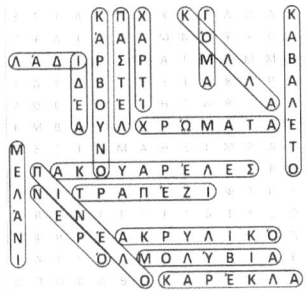

100 - Misurazioni

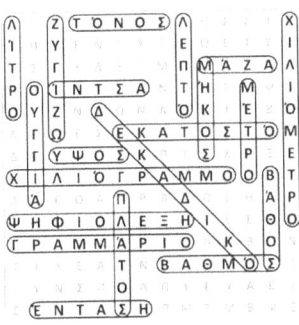

Dizionario

Acqua
Νερό

Alluvione	Πλημμύρα
Canale	Κανάλι
Doccia	Ντουσ
Evaporazione	Εξάτμιση
Fiume	Ποταμόσ
Gelo	Παγωνιά
Ghiaccio	Πάγοσ
Irrigazione	Άρδευση
Lago	Λίμνη
Monsone	Μουσώνασ
Neve	Χιόνι
Oceano	Ωκεανόσ
Onde	Κύματα
Pioggia	Βροχή
Potabile	Πόσιμο
Umidità	Υγρασία
Umido	Υγρό
Uragano	Χιουρικανασ
Vapore	Ατμού

Aeroplani
Αεροπλάνα

Altezza	Υψοσ
Altitudine	Υψόμετρο
Aria	Αέρασ
Atmosfera	Ατμόσφαιρα
Atterraggio	Προσγείωση
Avventura	Περιπέτεια
Carburante	Καύσιμο
Cielo	Ουρανόσ
Costruzione	Κατασκευή
Design	Σχέδιο
Direzione	Κατεύθυνση
Discesa	Καταγωγή
Equipaggio	Πλήρωμα
Idrogeno	Υδρογόνο
Motore	Μηχανή
Palloncino	Μπαλόνι
Passeggero	Επιβάτη
Pilota	Πιλοτική
Storia	Ιστορία
Turbolenza	Αναταραχή

Aggettivi #1
Επίθετα #1

Ambizioso	Φιλόδοξο
Aromatico	Αρωματικό
Artistico	Καλλιτεχνική
Assoluto	Απόλυτη
Attivo	Ενεργή
Enorme	Τεράστιο
Esotico	Εξωτικό
Felice	Ευτυχισμένο
Generoso	Γενναιόδωρη
Identico	Ίδια
Importante	Σημαντικό
Innocente	Αθώοσ
Lento	Αργή
Lungo	Μακρύ
Moderno	Μοντέρνο
Perfetto	Τέλειο
Pesante	Βαριά
Prezioso	Πολύτιμα
Profondo	Βαθιά
Sottile	Λεπτή

Aggettivi #2
Επίθετα #2

Affamato	Πεινασμένοσ
Asciutto	Ξηρό
Autentico	Αυθεντικό
Creativo	Δημιουργική
Descrittivo	Περιγραφικό
Dolce	Γλυκό
Drammatico	Δραματική
Elegante	Κομψό
Famoso	Διάσημη
Forte	Ισχυρή
Interessante	Ενδιαφέρον
Naturale	Φυσική
Normale	Κανονική
Nuovo	Νέα
Orgoglioso	Υπεροχη
Produttivo	Παραγωγική
Puro	Αγνό
Responsabile	Υπεύθυνοσ
Salato	Αλμυρή
Sano	Υγιή

Animali Domestici
Κατοικίδια

Acqua	Νερό
Cane	Σκύλοσ
Capra	Γίδα
Cibo	Τροφή
Coda	Ουρά
Collare	Κολάρο
Coniglio	Κουνέλι
Criceto	Χάμστερ
Cucciolo	Κουτάβι
Gattino	Γατάκι
Gatto	Γάτα
Guinzaglio	Λουρί
Lucertola	Σαύρα
Mucca	Αγελάδα
Pappagallo	Παπαγάλοσ
Pesce	Ψάρι
Tartaruga	Χελώνα
Topo	Ποντίκι
Veterinario	Κτηνίατροσ
Zampe	Πόδια

Antartide
Ανταρκτική

Acqua	Νερό
Ambiente	Περιβάλλον
Baia	Κόλπο
Balene	Φάλαινα
Conservazione	Διατήρηση
Continente	Ήπειροσ
Esplorazione	Εξερεύνηση
Geografia	Γεωγραφία
Ghiaccio	Πάγοσ
Isole	Νησιά
Migrazione	Μετανάστευση
Minerali	Ορυκτά
Nuvole	Σύννεφα
Penisola	Χερσόνησο
Ricercatore	Ερευνητήσ
Roccioso	Βραχώδησ
Scientifico	Επιστημονική
Spedizione	Εκδρομή
Temperatura	Θερμοκρασία
Topografia	Τοπογραφία

Api
Μέλισσες

Ali	Φτερά
Alveare	Κυψέλη
Benefico	Ευεργετική
Cera	Κερί
Cibo	Τροφή
Diversità	Ποικιλία
Ecosistema	Οικοσύστημα
Fiori	Λουλούδια
Fiorire	Άνθοσ
Frutta	Φρούτο
Fumo	Καπνίζουν
Giardino	Κήποσ
Insetto	Έντομο
Miele	Μέλι
Piante	Φυτά
Polline	Γύρη
Regina	Βασίλισσα
Sciame	Σμήνοσ
Sole	Ήλιοσ

Arrampicata
Αναρρίχηση

Altitudine	Υψόμετρο
Atmosfera	Ατμόσφαιρα
Casco	Κράνοσ
Curiosità	Περιέργεια
Escursioni	Πεζοπορία
Fisico	Φυσική
Formazione	Κατάρτιση
Forza	Δύναμη
Grotta	Σπήλαιο
Guanti	Γάντια
Guide	Οδηγοί
Lesione	Τραυματισμό
Mappa	Χάρτη
Stabilità	Σταθερότητα
Stivali	Μπότεσ
Stretto	Στενό
Terreno	Έδαφοσ

Arte
Τέχνη

Ceramica	Κεραμική
Complesso	Σύνθετη
Composizione	Σύνθεση
Creare	Δημιουργώ
Dipinti	Ζωγραφική
Espressione	Έκφραση
Ispirato	Εμπνευσμένη
Originale	Αρχική
Personale	Προσωπικό
Poesia	Ποίηση
Scultura	Γλυπτική
Semplice	Απλόσ
Simbolo	Σύμβολο
Soggetto	Θέμα
Surrealismo	Σουρεαλισμόσ
Umore	Διάθεση
Visivo	Οπτική

Arti Visive
Εικαστικές Τέχνες

Architettura	Αρχιτεκτονική
Artista	Καλλιτέχνησ
Capolavoro	Αριστούργημα
Carbone	Κάρβουνο
Cavalletto	Καβαλέτο
Cera	Κερί
Ceramica	Κεραμική
Composizione	Σύνθεση
Film	Ταινία
Fotografia	Φωτογραφία
Gesso	Κιμωλία
Matita	Μολύβι
Penna	Στυλό
Pittura	Ζωγραφική
Prospettiva	Προοπτική
Ritratto	Πορτρέτο
Scultura	Γλυπτική
Stampino	Πολυγράφο
Vernice	Βερνίκι

Astronomia
Αστρονομία

Asteroide	Αστεροειδήσ
Astronauta	Αστροναύτησ
Astronomo	Αστρονόμοσ
Cielo	Ουρανόσ
Costellazione	Αστερισμό
Equinozio	Ισημερία
Galassia	Γαλαξίασ
Gravità	Βαρύτητα
Luna	Φεγγάρι
Meteora	Μετέωρο
Nebulosa	Νεφέλωμα
Osservatorio	Παρατηρητήριο
Pianeta	Πλανήτησ
Radiazione	Ακτινοβολία
Razzo	Ρουκέτα
Supernova	Σουπερνόβα
Telescopio	Τηλεσκόπιο
Terra	Γη
Universo	Σύμπαν
Zodiaco	Ζώδιο

Attività
Δραστηριότητες

Abilità	Επιδεξιότητα
Arte	Τέχνη
Artigianato	Βιοτεχνία
Attività	Δραστηριότητα
Caccia	Κυνήγι
Campeggio	Κάμπινγκ
Ceramica	Κεραμική
Cucire	Ράψιμο
Escursioni	Πεζοπορία
Fotografia	Φωτογραφία
Giardinaggio	Κηπουρική
Giochi	Παιχνίδια
Interessi	Συμφέροντα
Lettura	Ανάγνωση
Magia	Μαγεία
Pesca	Ψάρεμα
Piacere	Ευχαρίστηση
Puzzle	Παζλ
Rilassamento	Χαλάρωση
Tempo Libero	Αναψυχή

Attività e Tempo Libero
Δραστηριότητες και Αναψυχή

Arte	Τέχνη
Baseball	Μπέιζμπολ
Basket	Μπάσκετ
Boxe	Μποξ
Calcio	Ποδόσφαιρο
Campeggio	Κάμπινγκ
Escursioni	Πεζοπορία
Giardinaggio	Κηπουρική
Golf	Γκολφ
Hobby	Χόμπι
Immersione	Καταδύσεις
Nuoto	Κολύμβηση
Pallavolo	Βόλεϊ
Pesca	Ψάρεμα
Pittura	Ζωγραφική
Rilassante	Χαλαρωτικό
Surf	Σέρφινγκ
Tennis	Τένισ
Viaggio	Ταξίδι

Avventura
Περιπέτεια

Amici	Φίλοι
Attività	Δραστηριότητα
Bellezza	Ομορφιά
Caso	Ευκαιρία
Coraggio	Γενναιότητα
Destinazione	Προορισμόσ
Difficoltà	Δυσκολία
Entusiasmo	Ενθουσιασμόσ
Escursione	Εκδρομή
Gioia	Χαρά
Insolito	Ασυνήθιστο
Itinerario	Δρομολόγιο
Natura	Φύση
Navigazione	Πλοήγηση
Nuovo	Νέα
Pericoloso	Επικίνδυνο
Preparazione	Παρασκευή
Sicurezza	Ασφάλεια
Viaggi	Ταξίδι

Bagno
Μπάνιο

Acqua	Νερό
Asciugamano	Πετσέτα
Bagno	Μπάνιο
Bolle	Φυσαλίδα
Doccia	Ντους
Forbici	Ψαλίδι
Gabinetto	Τουαλέτα
Lozione	Λοσιόν
Profumo	Άρωμα
Rubinetto	Βρύση
Sapone	Σαπούνι
Shampoo	Σαμπουάν
Specchio	Καθρεφτησ
Spugna	Σφουγγάρι
Tappeto	Χαλί
Vapore	Ατμού

Balletto
Μπαλέτο

Abilità	Επιδεξιότητα
Applauso	Χειροκρότημα
Artistico	Καλλιτεχνική
Assolo	Σόλο
Ballerina	Μπαλαρίνα
Ballerini	Χορευτεσ
Compositore	Συνθέτη
Coreografia	Χορογραφία
Espressivo	Εκφραστική
Gesto	Χειρονομία
Intensità	Ένταση
Musica	Μουσική
Orchestra	Ορχήστρα
Pratica	Άσκηση
Prova	Πρόβα
Pubblico	Ακροατήριο
Ritmo	Ρυθμού
Stile	Στυλ
Tecnica	Τεχνική

Barbecue
Μπάρμπεκιου

Caldo	Ζεστό
Cena	Δείπνο
Cibo	Τροφή
Cipolle	Κρεμμύδια
Coltelli	Μαχαίρια
Estate	Καλοκαίρι
Fame	Πείνα
Famiglia	Οικογένεια
Frutta	Φρούτο
Giochi	Παιχνίδια
Griglia	Σχάρα
Insalate	Σαλάτα
Invito	Πρόσκληση
Musica	Μουσική
Pepe	Πιπέρι
Pollo	Κοτόπουλο
Pomodori	Ντομάτα
Pranzo	Γεύμα
Sale	Αλάτι
Salsa	Σάλτσα

Campeggio
Κατασκήνωση

Alberi	Δέντρα
Amaca	Αιώρα
Animali	Ζώα
Avventura	Περιπέτεια
Bussola	Πυξίδα
Cabina	Καμπίνα
Caccia	Κυνήγι
Canoa	Κανό
Cappello	Καπέλο
Corda	Σχοινί
Divertimento	Διασκέδαση
Foresta	Δασοσ
Fuoco	Φωτιά
Insetto	Έντομο
Lago	Λίμνη
Luna	Φεγγάρι
Mappa	Χάρτη
Montagna	Βουνό
Natura	Φύση
Tenda	Σκηνή

Campionato
Πρωτάθλημα

Allenatore	Προπονητήσ
Campionato	Πρωτάθλημα
Campione	Πρωταθλητήσ
Finalista	Φιναλίστ
Giochi	Παιχνίδια
Giudice	Δικαστήσ
Lega	Ένωση
Medaglia	Μετάλλιο
Motivazione	Κίνητρο
Prestazione	Απόδοση
Resistenza	Αντοχή
Sportivo	Αθλητική
Squadra	Ομάδα
Strategia	Στρατηγική
Sudore	Εφίδρωση
Torneo	Τουρνουά
Vittoria	Νίκη

Casa
Σπίτι

Attico	Σοφίτα
Biblioteca	Βιβλιοθήκη
Camera	Δωμάτιο
Camino	Τζάκι
Cucina	Κουζίνα
Doccia	Ντουσ
Finestra	Παράθυρο
Garage	Γκαράζ
Giardino	Κήποσ
Lampada	Λάμπα
Parete	Τοίχοσ
Pavimento	Πάτωμα
Porta	Πόρτα
Recinto	Φρακτησ
Rubinetto	Βρύση
Scopa	Σκούπα
Soffitto	Ταβάνι
Specchio	Καθρεφτησ
Tappeto	Χαλί
Tetto	Στέγη

Castelli
Κάστρα

Armatura	Πανοπλία
Catapulta	Καταπέλτησ
Cavaliere	Ιππότησ
Cavallo	Άλογο
Corona	Στέμμα
Dinastia	Δυναστεία
Drago	Δράκοσ
Feudale	Φεουδαρχική
Fortezza	Φρούριο
Fossato	Τάφροσ
Impero	Αυτοκρατορία
Nobile	Ευγενήσ
Palazzo	Παλάτι
Parete	Τοίχοσ
Principe	Πρίγκιπασ
Principessa	Πριγκίπισσα
Regno	Βασίλειο
Scudo	Ασπίδα
Spada	Σπαθί
Torre	Πύργοσ

Cibo #1
Τρόφιμα #1

Aglio	Σκόρδο
Basilico	Βασιλικού
Cannella	Κανέλα
Carne	Κρέασ
Carota	Καρότο
Cipolla	Κρεμμύδι
Fragola	Φράουλα
Insalata	Σαλάτα
Latte	Γάλα
Limone	Λεμόνι
Menta	Μέντα
Orzo	Κριθάρι
Pera	Αχλάδι
Rapa	Γογγύλι
Sale	Αλάτι
Spinaci	Σπανάκι
Succo	Χυμόσ
Tonno	Τόνοσ
Torta	Κέικ
Zucchero	Ζάχαρη

Cibo #2
Τρόφιμα #2

Banana	Μπανάνα
Broccolo	Μπρόκολο
Ciliegia	Κεράσι
Cioccolato	Σοκολάτα
Formaggio	Τυρί
Fungo	Μανιτάρι
Grano	Σιτάρι
Kiwi	Ακτινίδιο
Mela	Μήλο
Melanzana	Μελιτζάνα
Pane	Ψωμί
Pesce	Ψάρι
Pollo	Κοτόπουλο
Pomodoro	Ντομάτα
Prosciutto	Ζαμπόν
Riso	Ρύζι
Sedano	Σέλινο
Uovo	Αυγό
Uva	Σταφύλι
Yogurt	Γιαούρτι

Cioccolato
Σοκολάτα

Amaro	Πικρή
Arachidi	Φιστίκια
Aroma	Άρωμα
Artigianale	Βιοτεχνική
Cacao	Κακάο
Calorie	Θερμιδεσ
Caramello	Καραμέλα
Delizioso	Νόστιμο
Dolce	Γλυκό
Esotico	Εξωτικό
Gusto	Γεύση
Ingrediente	Συστατικό
Noce di Cocco	Καρύδα
Polvere	Σκόνη
Preferito	Αγαπημένοσ
Qualità	Ποιότητα
Ricetta	Συνταγή
Zucchero	Ζάχαρη

Circo
Τσίρκο

Acrobata	Ακροβάτησ
Animali	Ζώα
Biglietto	Εισιτήριο
Caramella	Καραμέλα
Clown	Κλόουν
Costume	Κοστούμι
Elefante	Ελέφαντασ
Giocoliere	Ζογκλέρ
Intrattenere	Διασκεδάσει
Leone	Λιοντάρι
Magia	Μαγεία
Mago	Μάγοσ
Musica	Μουσική
Palloncini	Μπαλόνια
Parata	Παρέλαση
Scimmia	Μαϊμού
Spettatore	Θεατήσ
Tenda	Σκηνή
Tigre	Τίγρη
Trucco	Κόλπο

Città
Πόλη

Aeroporto	Αεροδρόμιο
Banca	Τράπεζα
Biblioteca	Βιβλιοθήκη
Clinica	Κλινική
Farmacia	Φαρμακείο
Fiorista	Ανθοπωλείο
Galleria	Συλλογή
Hotel	Ξενοδοχείο
Libreria	Βιβλιοπωλείο
Mercato	Αγορά
Museo	Μουσείο
Negozio	Αποθηκεύω
Panetteria	Αρτοποιείο
Ristorante	Εστιατόριο
Scuola	Σχολείο
Stadio	Στάδιο
Supermercato	Μάρκετ
Teatro	Θέατρο
Università	Πανεπιστήμιο
Zoo	Ζωολογικό

Colori
Χρώματα

Arancia	Πορτοκάλι
Azzurro	Γαλάζιο
Beige	Μπεζ
Bianco	Λευκό
Blu	Μπλε
Ciano	Κυανό
Fucsia	Φούξια
Giallo	Κίτρινο
Grigio	Γκρι
Indaco	Λουλακί
Marrone	Καφέ
Nero	Μαύρο
Rosa	Ροζ
Rosso	Κόκκινο
Seppia	Σέπια
Verde	Πράσινο
Viola	Μοβ

Commedia
Κωμωδία

Applauso	Χειροκρότημα
Attore	Φορέασ
Attrice	Ηθοποιόσ
Clown	Κλόουν
Divertente	Αστείο
Divertimento	Διασκέδαση
Espressivo	Εκφραστική
Genere	Είδοσ
Parodia	Παρωδία
Pubblico	Ακροατήριο
Risata	Γέλιο
Scherzi	Αστεία
Teatro	Θέατρο
Televisione	Τηλεόραση
Umorismo	Χιούμορ

Compleanno
Γενέθλια

Amici	Φίλοι
Anno	Ετοσ
Calendario	Ημερολόγιο
Candele	Κερί
Canzone	Τραγούδι
Carte	Κάρτεσ
Celebrazione	Γιορτή
Divertimento	Διασκέδαση
Felice	Ευτυχισμένο
Gioioso	Χαρούμενο
Giorno	Μέρα
Inviti	Πρόσκληση
Regalo	Δώρο
Saggezza	Σοφία
Speciale	Ειδική
Tempo	Ώρα
Torta	Κέικ

Corpo Umano
Ανθρώπινο Σώμα

Bocca	Στόμα
Caviglia	Αστράγαλοσ
Cervello	Μυαλό
Collo	Λαιμόσ
Cuore	Καρδιά
Dito	Δάχτυλο
Faccia	Πρόσωπο
Gamba	Πόδι
Ginocchio	Γόνατο
Gomito	Αγκώνα
Mano	Χέρι
Mento	Πηγούνι
Naso	Μύτη
Occhio	Μάτι
Orecchio	Αυτί
Pelle	Δέρμα
Sangue	Αίμα
Spalla	Ώμοσ
Stomaco	Στομάχι
Testa	Κεφάλι

Cucina
Κουζίνα

Bacchette	Ξυλάκια
Bollitore	Βραστήρασ
Brocca	Κανάτα
Cibo	Τροφή
Ciotola	Μπολ
Coltelli	Μαχαίρια
Cucchiai	Κουτάλια
Forchette	Πιρούνια
Forno	Φούρνοσ
Frigorifero	Ψυγείο
Grembiule	Ποδιά
Griglia	Σχάρα
Mestolo	Κουτάλα
Ricetta	Συνταγή
Spezie	Μπαχαρικό
Spugna	Σφουγγάρι
Tazze	Κύπελλα
Tovagliolo	Χαρτοπετσέτα

Danza
Χορός

Accademia	Ακαδημία
Arte	Τέχνη
Classico	Κλασική
Compagno	Παρτενέρ
Coreografia	Χορογραφία
Corpo	Σώμα
Cultura	Πολιτισμόσ
Culturale	Πολιτιστική
Emozione	Συγκίνηση
Espressivo	Εκφραστική
Gioioso	Χαρούμενο
Grazia	Χάρη
Movimento	Κίνηση
Musica	Μουσική
Postura	Στάση
Prova	Πρόβα
Ritmo	Ρυθμού
Tradizionale	Παραδοσιακή
Visivo	Οπτική

Dinosauri
Δεινόσαυροι

Ali	Φτερά
Carnivoro	Σαρκοφάγο
Coda	Ουρά
Enorme	Τεράστιο
Erbivoro	Φυτοφάγα
Evoluzione	Εξέλιξη
Fossili	Απολιθώματα
Mammut	Μαμούθ
Onnivoro	Παμφάγα
Potente	Ισχυρό
Preda	Θήραμα
Preistorico	Προϊστορική
Rapace	Αρπακτικό
Rettile	Ερπετό
Scomparsa	Εξαφάνιση
Specie	Είδοσ
Taglia	Μέγεθοσ
Terra	Γη

Discipline Scientifiche
Επιστημονικοί Κλάδοι

Anatomia	Ανατομία
Archeologia	Αρχαιολογία
Astronomia	Αστρονομία
Biochimica	Βιοχημεία
Biologia	Βιολογία
Botanica	Βοτανική
Chimica	Χημεία
Ecologia	Οικολογία
Fisiologia	Φυσιολογία
Geologia	Γεωλογία
Immunologia	Ανοσολογία
Linguistica	Γλωσσολογία
Meccanica	Μηχανική
Meteorologia	Μετεωρολογία
Mineralogia	Ορυκτολογία
Neurologia	Νευρολογία
Psicologia	Ψυχολογία
Sociologia	Κοινωνιολογία
Termodinamica	Θερμοδυναμική
Zoologia	Ζωολογία

Ecologia
Οικολογία

Clima	Κλίμα
Comunità	Κοινότητα
Diversità	Ποικιλία
Fauna	Πανίδα
Flora	Χλωρίδα
Globale	Παγκόσμια
Marino	Θαλάσσιο
Montagne	Βουνά
Natura	Φύση
Naturale	Φυσική
Piante	Φυτά
Risorse	Πόρων
Siccità	Ξηρασία
Sopravvivenza	Επιβίωση
Sostenibile	Βιώσιμη
Specie	Είδοσ
Vegetazione	Βλάστηση
Volontari	Εθελοντέσ

Edifici
Κτίρια

Ambasciata	Πρεσβεία
Appartamento	Διαμέρισμα
Cabina	Καμπίνα
Castello	Κάστρο
Fabbrica	Εργοστάσιο
Fattoria	Αγρόκτημα
Fienile	Αχυρώνα
Hotel	Ξενοδοχείο
Laboratorio	Εργαστήριο
Museo	Μουσείο
Ospedale	Νοσοκομείο
Osservatorio	Παρατηρητήριο
Ostello	Ξενώνασ
Scuola	Σχολείο
Stadio	Στάδιο
Supermercato	Μάρκετ
Teatro	Θέατρο
Tenda	Σκηνή
Torre	Πύργοσ
Università	Πανεπιστήμιο

Emozioni
Συναισθήματα

Amore	Αγάπη
Beatitudine	Ευδαιμονία
Calma	Ηρεμία
Contenuto	Περιεχόμενο
Gentilezza	Καλοσύνη
Gioia	Χαρά
Grato	Ευγνώμων
Noia	Πλήξη
Pace	Ειρήνη
Paura	Φόβοσ
Rabbia	Θυμόσ
Rilassato	Χαλαρή
Rilievo	Ανακούφιση
Simpatia	Συμπόνια
Soddisfatto	Ικανοποίησα
Sorpresa	Έκπληξη
Tenerezza	Τρυφερότητα
Tristezza	Θλίψη

Erboristeria
Βοτανολογία

Aglio	Σκόρδο
Aneto	Άνηθο
Aromatico	Αρωματικό
Basilico	Βασιλικού
Culinario	Μαγειρική
Dragoncello	Εστραγκόν
Finocchio	Μάραθο
Fiore	Λουλούδι
Giardino	Κήποσ
Ingrediente	Συστατικό
Lavanda	Λεβάντα
Maggiorana	Μαντζουράνα
Menta	Μέντα
Origano	Ρίγανη
Prezzemolo	Μαϊντανόσ
Qualità	Ποιότητα
Rosmarino	Δενδρολίβανο
Timo	Θυμάρι
Verde	Πράσινο
Zafferano	Κροκοσ

Escursionismo
Πεζοπορία

Acqua	Νερό
Animali	Ζώα
Campeggio	Κάμπινγκ
Clima	Κλίμα
Guide	Οδηγοί
Mappa	Χάρτη
Meteo	Καιρόσ
Montagna	Βουνό
Natura	Φύση
Parchi	Πάρκα
Pesante	Βαριά
Pietre	Πέτρα
Preparazione	Παρασκευή
Scogliera	Βράχο
Selvaggio	Άγριο
Sole	Ήλιοσ
Stanco	Κουρασμένοσ
Stivali	Μπότεσ
Vertice	Κορυφή
Zanzare	Κουνούπια

Estate
Καλοκαίρι

Amici	Φίλοι
Campeggio	Κάμπινγκ
Casa	Σπίτι
Cibo	Τροφή
Famiglia	Οικογένεια
Giardino	Κήποσ
Giochi	Παιχνίδια
Gioia	Χαρά
Immersione	Καταδύσεισ
Libri	Βιβλία
Mare	Θάλασσα
Musica	Μουσική
Rilassamento	Χαλάρωση
Sandali	Σανδάλια
Spiaggia	Παραλία
Stelle	Αστέρια
Tempo Libero	Αναψυχή
Vacanza	Διακοπέσ
Viaggio	Ταξίδι

Famiglia
Οικογένεια

Antenato	Πρόγονοσ
Bambino	Παιδί
Cugino	Ξαδέρφη
Figlia	Κόρη
Fratello	Αδελφοσ
Gemelli	Δίδυμα
Madre	Μητέρα
Marito	Σύζυγοσ
Materno	Μητρική
Moglie	Γυναίκα
Nipote	Ανιψιά
Nonna	Γιαγιά
Nonno	Παππούσ
Padre	Πατέρασ
Paterno	Πατρική
Sorella	Αδελφή
Zia	Θεία
Zio	Θείοσ

Fantascienza
Επιστημονική Φαντασία

Atomico	Ατομικό
Distopia	Δυστοπία
Esplosione	Έκρηξη
Estremo	Άκρο
Fuoco	Φωτιά
Futuristico	Φουτουριστικό
Galassia	Γαλαξίασ
Illusione	Ψευδαίσθηση
Immaginario	Φανταστικό
Libri	Βιβλία
Misterioso	Μυστηριώδησ
Mondo	Κόσμο
Oracolo	Μαντείο
Pianeta	Πλανήτησ
Realistico	Ρεαλιστική
Robot	Ρομπότ
Romanzi	Μυθιστορήματα
Scenario	Σενάριο
Tecnologia	Τεχνολογία
Utopia	Ουτοπία

Fattoria #1
Αγρόκτημα #1

Acqua	Νερό
Agricoltura	Γεωργία
Ape	Μέλισσα
Asino	Γαϊδούρι
Campo	Πεδίο
Cane	Σκύλοσ
Capra	Γίδα
Cavallo	Άλογο
Fertilizzante	Λίπασμα
Fieno	Σανό
Gatto	Γάτα
Gregge	Κοπάδι
Maiale	Γουρούνι
Miele	Μέλι
Mucca	Αγελάδα
Pollo	Κοτόπουλο
Recinto	Φράκτησ
Riso	Ρύζι
Semi	Σπόροι
Vitello	Μοσχάρι

Fattoria #2
Αγρόκτημα #2

Agnello	Αρνί
Agricoltore	Αγροτησ
Alveare	Κυψέλη
Anatra	Πάπια
Animali	Ζώα
Cibo	Τροφή
Fienile	Αχυρώνα
Frutta	Φρούτο
Frutteto	Περιβόλι
Grano	Σιτάρι
Irrigazione	Άρδευση
Lama	Λάμα
Latte	Γάλα
Mais	Καλαμπόκι
Oche	Χήνεσ
Orzo	Κριθάρι
Pastore	Βοσκόσ
Pecora	Πρόβατο
Prato	Λιβάδι
Trattore	Τρακτέρ

Fiori
Λουλούδια

Calendula	Καλέντουλα
Dente di Leone	Πικραλίδα
Gardenia	Γαρδένια
Gelsomino	Γιασεμί
Giglio	Κρίνοσ
Girasole	Ηλιοτρόπιο
Ibisco	Ιβίσκοσ
Lavanda	Λεβάντα
Lilla	Πασχαλιά
Magnolia	Μανόλια
Margherita	Μαργαρίτα
Mazzo	Μπουκέτο
Orchidea	Ορχιδέα
Papavero	Παπαρούνα
Passiflora	Πασσιφλόρα
Peonia	Παιωνία
Petalo	Πέταλο
Rosa	Τριαντάφυλλο
Trifoglio	Τριφύλλι
Tulipano	Τουλίπα

Foresta Pluviale
Τροπικό Δάσος

Anfibi	Αμφίβια
Botanico	Βοτανική
Clima	Κλίμα
Comunità	Κοινότητα
Diversità	Ποικιλία
Giungla	Ζούγκλα
Insetti	Έντομα
Mammiferi	Θηλαστικά
Muschio	Βρύα
Natura	Φύση
Nuvole	Σύννεφα
Preservazione	Διατήρηση
Prezioso	Πολύτιμα
Restauro	Αποκατάσταση
Rifugio	Καταφύγιο
Rispetto	Σέβομαι
Sopravvivenza	Επιβίωση
Specie	Είδοσ
Uccelli	Πουλιά

Forme
Σχήματα

Angolo	Γωνία
Arco	Τόξο
Bordi	Άκρη
Cerchio	Κύκλοσ
Cilindro	Κύλινδροσ
Cono	Κώνοσ
Cubo	Κύβοσ
Curva	Καμπύλη
Ellisse	Έλλειψη
Iperbole	Υπερβολή
Lato	Πλευρά
Linea	Γραμμή
Ovale	Οβάλ
Piramide	Πυραμίδα
Poligono	Πολύγωνο
Prisma	Πρίσμα
Quadrato	Πλατεία
Rettangolo	Ορθογώνιο
Sfera	Σφαίρα
Triangolo	Τριγώνου

Forniture Artistiche
Είδη Τέχνης

Acqua	Νερό
Acquerelli	Ακουαρέλεσ
Acrilico	Ακρυλικό
Carbone	Κάρβουνο
Carta	Χαρτί
Cavalletto	Καβαλέτο
Colla	Κόλλα
Colori	Χρώματα
Gomma	Γόμα
Idee	Ιδέα
Inchiostro	Μελάνι
Matite	Μολύβια
Olio	Λάδι
Pastelli	Παστέλ
Sedia	Καρέκλα
Spazzole	Πινέλο
Tavolo	Τραπέζι

Frutta
Φρούτα

Albicocca	Βερίκοκο
Ananas	Ανανά
Arancia	Πορτοκάλι
Avocado	Αβοκάντο
Bacca	Μούρο
Banana	Μπανάνα
Ciliegia	Κεράσι
Fico	Σύκο
Kiwi	Ακτινίδιο
Lampone	Βατόμουρο
Limone	Λεμόνι
Mango	Μάνγκο
Mela	Μήλο
Melone	Πεπόνι
Nettarina	Νεκταρίνι
Papaia	Παπάγια
Pera	Αχλάδι
Pesca	Ροδάκινο
Prugna	Δαμάσκηνο
Uva	Σταφύλι

Gatti
Γάτες

Artiglio	Νύχι
Cacciatore	Κυνηγόσ
Coda	Ουρά
Curioso	Περίεργοσ
Divertente	Αστείο
Dormire	Κοιμάμαι
Filo	Νήμα
Giocoso	Παιχνιδιάρικο
Indipendente	Ανεξάρτητη
Pazzo	Τρελό,
Pelliccia	Γούνα
Personalità	Προσωπικότητα
Selvaggio	Άγριο
Timido	Ντροπαλόσ
Topo	Ποντίκι
Zampa	Πόδι

Geografia
Γεωγραφία

Altitudine	Υψόμετρο
Atlante	Άτλαντα
Città	Πόλη
Continente	Ήπειροσ
Emisfero	Ημισφαίριο
Fiume	Ποταμόσ
Isola	Νησί
Longitudine	Γεωγραφικό
Mappa	Χάρτη
Mare	Θάλασσα
Meridiano	Μεσημβρινό
Mondo	Κόσμο
Montagna	Βουνό
Nord	Βορρά
Oceano	Ωκεανόσ
Ovest	Δύση
Paese	Χώρα
Regione	Περιοχή
Sud	Νότια
Territorio	Έδαφοσ

Geologia
Γεωλογία

Acido	Οξύ
Altopiano	Οροπέδιο
Calcio	Ασβέστιο
Caverna	Σπήλαιο
Continente	Ήπειροσ
Corallo	Κοράλλι
Cristalli	Κρύσταλλα
Erosione	Διάβρωση
Fossile	Απολίθωμα
Lava	Λάβα
Minerali	Ορυκτά
Pietra	Πέτρα
Quarzo	Χαλαζία
Sale	Αλάτι
Stalagmiti	Σταλαγμιτεσ
Stalattite	Σταλακτίτησ
Strato	Στρώμα
Terremoto	Σεισμόσ
Vulcano	Ηφαίστειο
Zona	Ζώνη

Giardino
Κήπος

Albero	Δέντρο
Amaca	Αιώρα
Erba	Γρασίδι
Erbacce	Ζιζάνια
Fiore	Λουλούδι
Frutteto	Περιβόλι
Garage	Γκαράζ
Giardino	Κήποσ
Pala	Φτυάρι
Panca	Παγκάκι
Prato	Γκαζόν
Rastrello	Τσουγκράνα
Recinto	Φράκτησ
Stagno	Λίμνη
Terrazza	Βεράντα
Trampolino	Τραμπολίνο
Tubo	Σωλήνα
Vite	Αμπέλι

Giocattoli
Παιχνίδια

Aereo	Αεροπλάνο
Aquilone	Χαρταετόσ
Artigianato	Βιοτεχνία
Auto	Αυτοκίνητο
Bambola	Κούκλα
Barca	Βάρκα
Batteria	Τύμπανα
Bicicletta	Ποδήλατο
Camion	Φορτηγό
Giochi	Παιχνίδια
Immaginazione	Φαντασία
Libri	Βιβλία
Palla	Μπάλα
Preferito	Αγαπημένοσ
Puzzle	Παζλ
Robot	Ρομπότ
Scacchi	Σκάκι
Treno	Τρένο
Vernici	Χρώματα

Giorni e Mesi
Ημέρες και Μήνες

Agosto	Αυγούστου
Anno	Ετοσ
Aprile	Απριλίου
Calendario	Ημερολόγιο
Dicembre	Δεκεμβρίου
Domenica	Κυριακή
Febbraio	Φεβρουαρίου
Gennaio	Ιανουαρίου
Giugno	Ιουνίου
Luglio	Ιουλίου
Lunedì	Δευτέρα
Martedì	Τρίτη
Mercoledì	Τετάρτη
Mese	Μήνασ
Novembre	Νοεμβρίου
Ottobre	Οκτωβρίου
Sabato	Σάββατο
Settembre	Σεπτεμβρίου
Settimana	Εβδομάδα
Venerdì	Παρασκευή

Guida
Οδήγηση

Auto	Αυτοκίνητο
Autobus	Λεωφορείο
Carburante	Καύσιμο
Freni	Φρένα
Garage	Γκαράζ
Gas	Αέριο
Incidente	Ατύχημα
Licenza	Άδεια
Mappa	Χάρτη
Moto	Μοτοσυκλέτα
Motore	Μοτέρ
Pedonale	Πεζόσ
Pericolo	Κινδύνου
Polizia	Αστυνομία
Sicurezza	Ασφάλεια
Strada	Δρόμοσ
Traffico	Κυκλοφορία
Trasporto	Μεταφορά
Tunnel	Σήραγγα
Velocità	Ταχύτητα

Imbarcazioni
Σκάφη

Albero	Κατάρτι
Ancora	Άγκυρα
Barca a Vela	Ιστιοφόρο
Boa	Σημαδούρα
Canoa	Κανό
Corda	Σχοινί
Equipaggio	Πλήρωμα
Fiume	Ποταμόσ
Kayak	Καγιάκ
Lago	Λίμνη
Mare	Θάλασσα
Marea	Παλίρροια
Marinaio	Ναύτησ
Motore	Μηχανή
Nautico	Ναυτικό
Oceano	Ωκεανόσ
Onde	Κύματα
Traghetto	Πορθμείο
Yacht	Γιοτ
Zattera	Σχεδία

Insetti
Έντομα

Afide	Μελίγκρα
Ape	Μέλισσα
Cavalletta	Ακρίδα
Cicala	Τζιτζίκι
Coccinella	Πασχαλίτσα
Coleottero	Σκαθάρι
Falena	Σκώροσ
Farfalla	Πεταλούδα
Formica	Μυρμήγκι
Larva	Προνύμφη
Mantide	Μάντησ
Moscerino	Σκνίπα
Pulce	Υπαίθρια
Scarafaggio	Κατσαρίδα
Termite	Τερμίτησ
Verme	Σκουλήκι
Vespa	Σφήκα
Zanzara	Κουνούπι

Letteratura
Λογοτεχνία

Analisi	Ανάλυση
Analogia	Αναλογία
Aneddoto	Ανέκδοτο
Autore	Συγγραφέασ
Biografia	Βιογραφία
Conclusione	Συμπέρασμα
Confronto	Σύγκριση
Critica	Κριτική
Descrizione	Περιγραφή
Dialogo	Διάλογοσ
Genere	Είδοσ
Metafora	Μεταφορά
Opinione	Γνώμη
Poesia	Ποίημα
Poetico	Ποιητική
Ritmo	Ρυθμού
Romanzo	Μυθιστόρημα
Stile	Στυλ
Tema	Θέμα
Tragedia	Τραγωδία

Libri
Βιβλία

Autore	Συγγραφέασ
Avventura	Περιπέτεια
Collezione	Συλλογή
Contesto	Πλαίσιο
Dualità	Δυαδικότητα
Epico	Επική
Inventivo	Εφευρετική
Letterario	Λογοτεχνική
Lettore	Αναγνώστησ
Narratore	Αφηγητήσ
Pagina	Σελίδα
Poesia	Ποίηση
Rilevante	Σχετική
Romanzo	Μυθιστόρημα
Scritto	Γραπτή
Serie	Σειρά
Storia	Ιστορία
Storico	Ιστορικό
Tragico	Τραγική
Umoristico	Χιουμοριστικό

Mammiferi
Θηλαστικά

Balena	Φάλαινα
Cane	Σκύλοσ
Canguro	Καγκουρό
Cavallo	Άλογο
Cervo	Ελάφι
Coniglio	Κουνέλι
Coyote	Κογιότ
Delfino	Δελφίνι
Elefante	Ελέφαντασ
Gatto	Γάτα
Giraffa	Καμηλοπάρδαλη
Gorilla	Γορίλασ
Leone	Λιοντάρι
Lupo	Λύκοσ
Orso	Αρκούδα
Pecora	Πρόβατο
Scimmia	Μαϊμού
Toro	Ταύροσ
Volpe	Αλεπού
Zebra	Ζέβρα

Matematica
Μαθηματικά

Angoli	Γωνία
Aritmetica	Αριθμητική
Circonferenza	Περιφέρεια
Decimale	Δεκαδικό
Diametro	Διάμετροσ
Divisione	Διαίρεση
Equazione	Εξίσωση
Esponente	Εκθέτη
Frazione	Κλάσμα
Geometria	Γεωμετρία
Parallelo	Παράλληλη
Perimetro	Περίμετρο
Poligono	Πολύγωνο
Quadrato	Πλατεία
Raggio	Ακτίνα
Rettangolo	Ορθογώνιο
Simmetria	Συμμετρία
Somma	Άθροισμα
Triangolo	Τριγώνου
Volume	Ένταση

Meditazione
Διαλογισμός

Accettazione	Αποδοχή
Attenzione	Προσοχή
Calma	Ηρεμία
Chiarezza	Σαφήνεια
Compassione	Συμπόνια
Emozioni	Συναισθήματα
Gentilezza	Καλοσύνη
Gratitudine	Ευγνωμοσύνη
Mentale	Ψυχική
Mente	Μυαλό
Movimento	Κίνηση
Musica	Μουσική
Natura	Φύση
Osservazione	Παρατήρηση
Pace	Ειρήνη
Pensieri	Σκέψη
Postura	Στάση
Prospettiva	Προοπτική
Respirazione	Αναπνοή
Silenzio	Σιωπή

Meteo
Καιρός

Arcobaleno	Ουράνιο Τόξο
Asciutto	Ξηρό
Atmosfera	Ατμόσφαιρα
Brezza	Αεράκι
Calma	Ηρεμία
Cielo	Ουρανόσ
Clima	Κλίμα
Fulmine	Αστραπή
Ghiaccio	Πάγοσ
Monsone	Μουσώνασ
Nebbia	Ομίχλη
Nube	Σύννεφο
Polare	Πολική
Siccità	Ξηρασία
Temperatura	Θερμοκρασία
Tempesta	Καταιγίδα
Tropicale	Τροπική
Tuono	Βροντή
Uragano	Χιουρικανασ
Vento	Άνεμοσ

Misurazioni
Μετρήσεις

Altezza	Υψοσ
Byte	Ψηφιολεξη
Centimetro	Εκατοστό
Chilogrammo	Χιλιόγραμμο
Chilometro	Χιλιόμετρο
Decimale	Δεκαδικό
Grado	Βαθμόσ
Grammo	Γραμμάριο
Larghezza	Πλάτοσ
Litro	Λίτρο
Lunghezza	Μήκοσ
Massa	Μάζα
Metro	Μέτρο
Minuto	Λεπτό
Oncia	Ουγγιά
Peso	Ζυγίζω
Pollice	Ίντσα
Profondità	Βάθοσ
Tonnellata	Τόνοσ
Volume	Ένταση

Mitologia
Μυθολογία

Archetipo	Αρχέτυπο
Comportamento	Συμπεριφορά
Creatura	Πλάσμα
Creazione	Δημιουργία
Credenze	Πεποιθήσεισ
Cultura	Πολιτισμόσ
Disastro	Καταστροφή
Eroe	Ήρωασ
Forza	Δύναμη
Fulmine	Αστραπή
Gelosia	Ζήλια
Guerriero	Πολεμιστήσ
Immortalità	Αθανασία
Labirinto	Λαβύρινθοσ
Leggenda	Θρύλοσ
Magico	Μαγικό
Mortale	Θνητόσ
Mostro	Τέρασ
Tuono	Βροντή
Vendetta	Εκδίκηση

Mobili
Έπιπλα
Amaca	Αιώρα
Cuscini	Μαξιλάρια
Cuscino	Μαξιλάρι
Divano	Καναπέ
Futon	Φουτόν
Lampada	Λάμπα
Letto	Κρεβάτι
Libreria	Βιβλιοθήκη
Materasso	Στρώμα
Panca	Παγκάκι
Poltrona	Πολυθρόνα
Scaffali	Ράφια
Scrivania	Γραφείο
Sedia	Καρέκλα
Specchio	Καθρεφτησ
Tappeto	Χαλί
Tende	Κουρτίνα

Natura
Φύση
Animali	Ζώα
Api	Μέλισσεσ
Artico	Αρκτική
Bellezza	Ομορφιά
Deserto	Ερήμου
Dinamico	Δυναμική
Erosione	Διάβρωση
Fiume	Ποταμός
Fogliame	Φύλλωμα
Foresta	Δασοσ
Ghiacciaio	Παγετώνασ
Montagne	Βουνά
Nebbia	Ομίχλη
Nuvole	Σύννεφα
Rifugio	Καταφύγιο
Santuario	Ιερό
Selvaggio	Άγριο
Sereno	Γαλήνιο
Tropicale	Τροπική
Vitale	Ζωτική

Numeri
Αριθμοί
Cinque	Πέντε
Decimale	Δεκαδικό
Diciannove	Δεκαεννέα
Diciassette	Δεκαεπτά
Diciotto	Δεκαοκτώ
Dieci	Δέκα
Dodici	Δώδεκα
Due	Δύο
Nove	Εννέα
Otto	Οκτώ
Quattordici	Δεκατέσσερα
Quattro	Τέσσερα
Quindici	Δεκαπέντε
Sedici	Δεκαέξι
Sei	Έξι
Sette	Επτά
Tre	Τρία
Tredici	Δεκατρία
Venti	Είκοσι
Zero	Μηδέν

Nutrizione
Διατροφή
Amaro	Πικρή
Appetito	Όρεξη
Bilanciato	Ισορροπημένη
Calorie	Θερμιδεσ
Commestibile	Βρώσιμα
Dieta	Διατροφή
Digestione	Πέψη
Fermentazione	Ζύμωση
Gusto	Γεύση
Liquidi	Υγρά
Nutriente	Θρεπτική
Peso	Ζυγίζω
Proteine	Πρωτεϊνεσ
Qualità	Ποιότητα
Salsa	Σάλτσα
Salute	Υγεία
Sano	Υγιή
Spezie	Μπαχαρικό
Tossina	Τοξίνη
Vitamina	Βιταμίνη

Oceano
Ωκεανός
Anguilla	Χέλι
Balena	Φάλαινα
Barca	Βάρκα
Corallo	Κοράλλι
Delfino	Δελφίνι
Gamberetto	Γαρίδα
Granchio	Καβούρι
Maree	Παλίρροια
Medusa	Μέδουσεσ
Onde	Κύματα
Ostrica	Στρείδι
Pesce	Ψάρι
Polpo	Χταπόδι
Sale	Αλάτι
Scogliera	Ξέρα
Spugna	Σφουγγάρι
Squalo	Καρχαρίασ
Tartaruga	Χελώνα
Tempesta	Καταιγίδα
Tonno	Τόνοσ

Paesaggi
Τοπία
Cascata	Καταρράκτη
Collina	Λόφο
Deserto	Ερήμου
Fiume	Ποταμός
Ghiacciaio	Παγετώνασ
Golfo	Κόλποσ
Grotta	Σπήλαιο
Iceberg	Παγόβουνο
Isola	Νησί
Lago	Λίμνη
Mare	Θάλασσα
Montagna	Βουνό
Oasi	Όαση
Oceano	Ωκεανός
Palude	Βάλτοσ
Penisola	Χερσόνησο
Spiaggia	Παραλία
Tundra	Τούνδρα
Valle	Κοιλάδα
Vulcano	Ηφαίστειο

Paesi #2
Χώρες #2

Albania	Αλβανία
Danimarca	Δανία
Etiopia	Αιθιοπία
Giamaica	Τζαμάικα
Giappone	Ιαπωνία
Grecia	Ελλάδα
Haiti	Αϊτή
Indonesia	Ινδονησία
Irlanda	Ιρλανδία
Laos	Λάοσ
Liberia	Λιβερία
Messico	Μεξικό
Nepal	Νεπάλ
Nigeria	Νιγηρία
Pakistan	Πακιστάν
Russia	Ρωσία
Siria	Συρία
Sudan	Σουδάν
Ucraina	Ουκρανία
Uganda	Ουγκάντα

Pesca
Ψάρεμα

Acqua	Νερό
Attrezzatura	Εξοπλισμόσ
Barca	Βάρκα
Branchie	Βράγχια
Cesto	Καλάθι
Esagerazione	Υπερβολή
Esca	Δόλωμα
Filo	Σύρμα
Fiume	Ποταμόσ
Gancio	Άγκιστρο
Lago	Λίμνη
Mascella	Σαγόνι
Oceano	Ωκεανόσ
Pazienza	Υπομονή
Peso	Ζυγίζω
Pinne	Πτερύγια
Spiaggia	Παραλία
Stagione	Εποχή

Piante
Φυτά

Albero	Δέντρο
Bacca	Μούρο
Bambù	Μπαμπού
Botanica	Βοτανική
Cactus	Κάκτοσ
Crescere	Αυξάνω
Edera	Κισσόσ
Erba	Βότανο
Fagiolo	Φασόλι
Fertilizzante	Λίπασμα
Fiore	Λουλούδι
Flora	Χλωρίδα
Foglia	Φύλλο
Fogliame	Φύλλωμα
Foresta	Δασοσ
Giardino	Κήποσ
Muschio	Βρύα
Petalo	Πέταλο
Radice	Ρίζα
Vegetazione	Βλάστηση

Pirati
Πειρατές

Ancora	Άγκυρα
Avventura	Περιπέτεια
Bandiera	Σημαία
Bussola	Πυξίδα
Capitano	Λοχαγόσ
Cattivo	Κακό
Cicatrice	Ουλή
Equipaggio	Πλήρωμα
Grotta	Σπήλαιο
Isola	Νησί
Leggenda	Θρύλοσ
Mappa	Χάρτη
Monete	Κέρματα
Oro	Χρυσόσ
Pappagallo	Παπαγάλοσ
Pericolo	Κινδύνου
Rum	Ρούμι
Spada	Σπαθί
Spiaggia	Παραλία
Tesoro	Θησαυρόσ

Professioni #1
Επαγγέλματα #1

Allenatore	Προπονητήσ
Ambasciatore	Πρέσβησ
Artista	Καλλιτέχνησ
Astronomo	Αστρονόμοσ
Avvocato	Δικηγόροσ
Ballerino	Χορευτήσ
Banchiere	Τραπεζίτησ
Cacciatore	Κυνηγόσ
Cartografo	Χαρτογράφοσ
Editore	Επεξεργασία
Farmacista	Φαρμακοποιόσ
Geologo	Γεωλόγοσ
Idraulico	Υδραυλικόσ
Infermiera	Νοσοκόμα
Marinaio	Ναύτησ
Musicista	Μουσικόσ
Pianista	Πιανίστασ
Psicologo	Ψυχολόγοσ
Scienziato	Επιστήμονασ
Veterinario	Κτηνίατροσ

Professioni #2
Επαγγέλματα #2

Agricoltore	Αγροτησ
Astronauta	Αστροναύτησ
Biologo	Βιολόγοσ
Chirurgo	Χειρουργόσ
Dentista	Οδοντίατροσ
Detective	Ντετέκτιβ
Filosofo	Φιλόσοφοσ
Fotografo	Φωτογράφοσ
Giardiniere	Κηπουρόσ
Giornalista	Δημοσιογράφοσ
Illustratore	Εικονογράφοσ
Ingegnere	Μηχανικόσ
Insegnante	Δάσκαλοσ
Inventore	Εφευρέτησ
Linguista	Γλωσσολόγοσ
Medico	Ιατροσ
Pilota	Πιλοτική
Pittore	Ζωγράφοσ
Ricercatore	Ερευνητήσ
Zoologo	Ζωολόγοσ

Riempire
Για Γέμισμα

Bacino	Λεκάνη
Barile	Βαρέλι
Borsa	Σακούλα
Bottiglia	Μπουκάλι
Busta	Φάκελοσ
Cartella	Φάκελο
Cartone	Χαρτοκιβώτιο
Cassa	Κιβώτιο
Cassetto	Συρτάρι
Cesto	Καλάθι
Pacchetto	Πακέτο
Scatola	Κουτί
Tasca	Τσέπη
Tubo	Σωλήνασ
Valigia	Βαλίτσα
Vaso	Βάζο
Vassoio	Δίσκοσ

Ristorante #1
Εστιατόριο #1

Allergia	Αλλεργία
Caffè	Καφέ
Cameriera	Σερβιτόρα
Carne	Κρέασ
Cibo	Τροφή
Ciotola	Μπολ
Coltello	Μαχαίρι
Cucina	Κουζίνα
Dessert	Επιδόρπιο
Ingredienti	Συστατικά
Menù	Μενού
Pane	Ψωμί
Piatto	Πλάκα
Piccante	Πικάντικο
Pollo	Κοτόπουλο
Prenotazione	Κράτηση
Salsa	Σάλτσα
Tovagliolo	Χαρτοπετσέτα

Ristorante #2
Εστιατόριο #2

Acqua	Νερό
Aperitivo	Ορεκτικό
Bevanda	Ποτό
Cameriere	Σερβιτόροσ
Cena	Δείπνο
Cucchiaio	Κουτάλι
Delizioso	Νόστιμο
Forchetta	Πιρούνι
Frutta	Φρούτο
Ghiaccio	Πάγοσ
Insalata	Σαλάτα
Minestra	Σούπα
Pesce	Ψάρι
Pranzo	Γεύμα
Sale	Αλάτι
Sedia	Καρέκλα
Spezie	Μπαχαρικό
Torta	Κέικ
Uova	Αυγα
Verdure	Λαχανικά

Scacchi
ΣΚΆΚΙ

Avversario	Αντίπαλοσ
Bianco	Λευκό
Campione	Πρωταθλητήσ
Diagonale	Διαγώνιοσ
Giocatore	Παίκτη
Gioco	Παιχνίδι
Nero	Μαύρο
Passivo	Παθητική
Punti	Σημεία
Re	Βασιλιάσ
Regina	Βασίλισσα
Sacrificio	Θυσία
Strategia	Στρατηγική
Tempo	Ώρα
Torneo	Τουρνουά

Scienza
Επιστήμη

Atomo	Άτομο
Chimico	Χημική
Clima	Κλίμα
Dati	Δεδομένα
Esperimento	Πείραμα
Evoluzione	Εξέλιξη
Fatto	Γεγονόσ
Fisica	Φυσική
Fossile	Απολίθωμα
Gravità	Βαρύτητα
Ipotesi	Υπόθεση
Laboratorio	Εργαστήριο
Metodo	Μέθοδοσ
Minerali	Ορυκτά
Molecole	Μόρια
Natura	Φύση
Organismo	Οργανισμόσ
Osservazione	Παρατήρηση
Particelle	Σωματίδια
Scienziato	Επιστήμονασ

Scuola #1
Σχολείο #1

Alfabeto	Αλφάβητο
Amici	Φίλοι
Aula	Τάξη
Biblioteca	Βιβλιοθήκη
Carta	Χαρτί
Cartelle	Φάκελοι
Divertimento	Διασκέδαση
Esami	Εξετάσεις
Insegnante	Δάσκαλοσ
Libri	Βιβλια
Matematica	Μαθηματικά
Matita	Μολύβι
Numeri	Αριθμοί
Penne	Στυλό
Pranzo	Γεύμα
Quiz	Κουίζ
Risposte	Απάντηση
Scrivania	Γραφείο
Sedia	Καρέκλα

Scuola #2
Σχολείο #2

Accademico	Ακαδημαϊκή
Autobus	Λεωφορείο
Biblioteca	Βιβλιοθήκη
Calendario	Ημερολόγιο
Carta	Χαρτί
Computer	Υπολογιστή
Dizionario	Λεξικό
Educazione	Εκπαίδευση
Forbici	Ψαλίδι
Giochi	Παιχνίδια
Grammatica	Γραμματική
Insegnante	Δάσκαλοσ
Letteratura	Λογοτεχνία
Lettura	Ανάγνωση
Libri	Βιβλια
Matematica	Μαθηματικά
Matita	Μολύβι
Scarpe	Παπούτσια
Scienza	Επιστήμη
Zaino	Σακίδιο

Spezie
Μπαχαρικά

Aglio	Σκόρδο
Amaro	Πικρή
Anice	Γλυκάνισο
Cannella	Κανέλα
Cardamomo	Κάρδαμο
Cipolla	Κρεμμύδι
Cumino	Κύμινο
Curcuma	Κουρκούμη
Curry	Κάρυ
Dolce	Γλυκό
Finocchio	Μάραθο
Gusto	Γεύση
Liquirizia	Γλυκόριζα
Noce Moscata	Μοσχοκάρυδο
Paprika	Πάπρικα
Pepe	Πιπέρι
Sale	Αλάτι
Vaniglia	Βανίλια
Zafferano	Κροκοσ
Zenzero	Τζίντζερ

Spiaggia
Παραλία

Asciugamano	Πετσέτα
Barca	Βάρκα
Barca a Vela	Ιστιοφόρο
Blu	Μπλε
Costa	Ακτή
Dock	Αποβάθρα
Granchio	Καβούρι
Isola	Νησί
Laguna	Λιμνοθάλασσα
Mare	Θάλασσα
Oceano	Ωκεανόσ
Ombrello	Ομπρέλα
Sabbia	Άμμο
Sandali	Σανδάλια
Scogliera	Ξέρα
Sole	Ήλιοσ
Vacanza	Διακοπέσ

Sport
Αθλητισμός

Allenatore	Προπονητήσ
Arbitro	Διαιτητήσ
Atleta	Αθλητήσ
Baseball	Μπέιζμπολ
Basket	Μπάσκετ
Bicicletta	Ποδήλατο
Campionato	Πρωτάθλημα
Ginnastica	Γυμναστική
Giocatore	Παίκτη
Gioco	Παιχνίδι
Golf	Γκολφ
Hockey	Χόκεϊ
Movimento	Κίνηση
Palestra	Γυμνάσιο
Squadra	Ομάδα
Stadio	Στάδιο
Tennis	Τένισ
Vincitore	Νικητήσ

Strumenti Musicali
Μουσικά Όργανα

Armonica	Φυσαρμόνικα
Arpa	Άρπα
Banjo	Μπάντζο
Chitarra	Κιθάρα
Clarinetto	Κλαρινέτο
Fagotto	Φαγκότο
Flauto	Φλάουτο
Gong	Γκονγκ
Mandolino	Μαντολίνο
Marimba	Μαρίμπα
Oboe	Όμποε
Percussione	Κρούση
Pianoforte	Πιάνο
Sassofono	Σαξόφωνο
Tamburello	Ντέφι
Tamburo	Τύμπανο
Tromba	Τρομπέτα
Trombone	Τρομπόνι
Violino	Βιολί
Violoncello	Βιολοντσέλο

Strumenti di Cottura
Εργαλεία Μαγειρικής

Bollitore	Βραστήρασ
Colino	Σουρωτήρι
Coltello	Μαχαίρι
Coperchio	Καπάκι
Cucchiaio	Κουτάλι
Forbici	Ψαλίδι
Forchetta	Πιρούνι
Forno	Φούρνοσ
Frigorifero	Ψυγείο
Grattugia	Τρίφτησ
Spatola	Σπάτουλα
Spremiagrumi	Αποχυμωτήσ
Stufa	Σόμπα
Termometro	Θερμόμετρο
Tostapane	Τοστιέρα

Surf
Σέρφινγκ

Atleta	Αθλητής
Campione	Πρωταθλητής
Divertimento	Διασκέδαση
Estremo	Άκρο
Folla	Πλήθη
Forza	Δύναμη
Meteo	Καιρός
Oceano	Ωκεανός
Onda	Κύμα
Pagaia	Κουπί
Popolare	Δημοφιλής
Principiante	Αρχάριος
Schiuma	Αφρός
Scogliera	Ξέρα
Spiaggia	Παραλία
Stile	Στυλ
Stomaco	Στομάχι
Velocità	Ταχύτητα

Tecnologia
Τεχνολογία

Blog	Ιστολόγιο
Browser	Περιήγησης
Byte	Ψηφιολέξεισ
Computer	Υπολογιστή
Cursore	Δρομεασ
Dati	Δεδομένα
Digitale	Ψηφιακή
File	Αρχείο
Internet	Διαδίκτυο
Messaggio	Μήνυμα
Ricerca	Έρευνα
Schermo	Οθόνη
Sicurezza	Ασφάλεια
Software	Λογισμικό
Statistiche	Στατιστική
Virtuale	Εικονική
Virus	Ιόσ

Tempo
Χρόνος

Anno	Ετοσ
Annuale	Ετήσια
Calendario	Ημερολόγιο
Decennio	Δεκαετία
Dopo	Μετά
Futuro	Μέλλον
Giorno	Μέρα
Ieri	Χθεσ
Mattina	Πρωί
Mese	Μήνασ
Mezzogiorno	Μεσημέρι
Minuto	Λεπτό
Notte	Νύχτα
Oggi	Σήμερα
Ora	Ώρα
Orologio	Ρολόι
Presto	Σύντομα
Prima	Πριν
Secolo	Αιώνασ
Settimana	Εβδομάδα

Tipi di Capelli
Τύποι Μαλλιών

Argento	Ασημένιο
Asciutto	Ξηρό
Bianco	Λευκό
Biondo	Ξανθά
Breve	Κοντό
Calvo	Φαλακρόσ
Grigio	Γκρι
Intrecciato	Πλεγμένο
Liscio	Ομαλή
Lucido	Λαμπερά
Lungo	Μακρύ
Marrone	Καφέ
Morbido	Μαλακό
Nero	Μαύρο
Riccio	Σγουρά
Riccioli	Μπούκλεσ
Sano	Υγιή
Sottile	Λεπτή
Spessore	Παχύ
Trecce	Πλεξούδεσ

Uccelli
Πουλιά

Airone	Ερωδιοσ
Anatra	Πάπια
Aquila	Αετόσ
Cicogna	Πελαργόσ
Cigno	Κύκνοσ
Cuculo	Κούκοσ
Falco	Γεράκι
Fenicottero	Φλαμίνγκο
Gabbiano	Γλάροσ
Gufo	Κουκουβάγια
Oca	Χήνα
Pappagallo	Παπαγάλοσ
Passero	Σπουργίτι
Pavone	Παγώνι
Pellicano	Πελεκαν
Piccione	Περιστέρι
Pinguino	Πιγκουίνοσ
Pollo	Κοτόπουλο
Tucano	Τουκάν
Uovo	Αυγό

Vacanza #1
Διακοπές #1

Aereo	Αεροπλάνο
Auto	Αυτοκίνητο
Biglietto	Εισιτήριο
Dogana	Τελωνείο
Itinerario	Δρομολόγιο
Lago	Λίμνη
Museo	Μουσείο
Ombrello	Ομπρέλα
Partenza	Αναχώρηση
Rilassamento	Χαλάρωση
Spedizione	Εκδρομή
Tram	Τραμ
Turismo	Τουριστασ
Valigia	Βαλίτσα
Valuta	Νόμισμα
Zaino	Σακίδιο

Vacanze #2
Διακοπές #2

Aeroporto	Αεροδρόμιο
Campeggio	Κάμπινγκ
Destinazione	Προορισμόσ
Hotel	Ξενοδοχείο
Isola	Νησί
Mappa	Χάρτη
Mare	Θάλασσα
Montagne	Βουνά
Passaporto	Διαβατήριο
Ristorante	Εστιατόριο
Spiaggia	Παραλία
Straniero	Ξένο
Taxi	Ταξί
Tempo Libero	Αναψυχή
Tenda	Σκηνή
Trasporto	Μεταφορά
Treno	Τρένο
Viaggio	Ταξίδι
Visto	Βίζα

Veicoli
Οχήματα

Aereo	Αεροπλάνο
Ambulanza	Ασθενοφόρο
Auto	Αυτοκίνητο
Autobus	Λεωφορείο
Barca	Βάρκα
Bicicletta	Ποδήλατο
Camion	Φορτηγό
Caravan	Τροχόσπιτο
Elicottero	Ελικόπτερο
Metropolitana	Μετρό
Motore	Μηχανή
Pneumatici	Λάστιχα
Razzo	Ρουκέτα
Scooter	Σκούτερ
Sottomarino	Υποβρύχιο
Taxi	Ταξί
Traghetto	Πορθμείο
Trattore	Τρακτέρ
Treno	Τρένο
Zattera	Σχεδία

Verdure
Λαχανικά

Aglio	Σκόρδο
Broccolo	Μπρόκολο
Carciofo	Αγκινάρα
Carota	Καρότο
Cetriolo	Αγγούρι
Cipolla	Κρεμμύδι
Fungo	Μανιτάρι
Insalata	Σαλάτα
Melanzana	Μελιτζάνα
Patata	Πατάτα
Pisello	Μπιζέλι
Pomodoro	Ντομάτα
Prezzemolo	Μαϊντανόσ
Rapa	Γογγύλι
Ravanello	Ραπανάκι
Scalogno	Εσκαλωνίδα
Sedano	Σέλινο
Spinaci	Σπανάκι
Zenzero	Τζίντζερ
Zucca	Κολοκύθα

Vestiti
Ρούχα

Abito	Φόρεμα
Braccialetto	Βραχιόλι
Camicetta	Μπλούζα
Camicia	Πουκάμισο
Cappello	Καπέλο
Cappotto	Παλτό
Cintura	Ζώνη
Collana	Κολιέ
Giacca	Σακάκι
Gonna	Φούστα
Grembiule	Ποδιά
Guanti	Γάντια
Jeans	Τζιν
Maglione	Πουλόβερ
Moda	Μόδα
Pantaloni	Παντελόνι
Pigiama	Πιτζάμα
Sandali	Σανδάλια
Scarpa	Παπούτσι
Sciarpa	Κασκόλ

Congratulazioni

Ce l'hai fatta!

Speriamo che questo libro vi sia piaciuto tanto quanto a noi è piaciuto concepirlo. Ci sforziamo di creare libri della più alta qualità possibile.
Questa edizione è progettata per fornire un apprendimento intelligente, di qualità e divertente!

Le è piaciuto questo libro?

Una Semplice Richiesta

Questi libri esistono grazie alle recensioni che pubblicate.

Puoi aiutarci lasciando una recensione
ora a questo link ?

BestBooksActivity.com/Recensioni50

SFIDA FINALE!

Sfida n°1

Sei pronto per il tuo gioco gratuito? Li usiamo sempre, ma non sono
così facili da trovare - ecco i **Sinonimi!**
Scrivi 5 parole che hai trovato nei puzzle (n° 21, n° 36, n° 76) e prova a
trovare 2 sinonimi per ogni parola.

Scrivi 5 parole del **Puzzle 21**

Parole	Sinonimo 1	Sinonimo 2

Scrivi 5 parole del **Puzzle 36**

Parole	Sinonimo 1	Sinonimo 2

Scrivi 5 parole del **Puzzle 76**

Parole	Sinonimo 1	Sinonimo 2

Sfida n°2

Ora che ti sei riscaldato, scrivi 5 parole che hai trovato nei puzzle n° 9,
n° 17 e n° 25 e cerca di trovare 2 contrari per ogni parola. Quanti ne puoi
trovare in 20 minuti?

Scrivi 5 parole del **Puzzle 9**

Parole	Antonimo 1	Antonimo 2

Scrivi 5 parole del **Puzzle 17**

Parole	Antonimo 1	Antonimo 2

Scrivi 5 parole del **Puzzle 25**

Parole	Antonimo 1	Antonimo 2

Sfida n°3

Grande! Questa sfida non è niente per te!

Pronto per la sfida finale? Scegli 10 parole che hai scoperto nei diversi puzzle e scrivile qui sotto.

1.	6.
2.	7.
3.	8.
4.	9.
5.	10.

Ora scrivi un testo pensando a una persona, un animale o un luogo che ti piace.

Puoi usare l'ultima pagina di questo libro come bozza.

La tua composizione:

TACCUINO:

A PRESTO!

Tutta la Squadra